QU'EST-CE QUE LA CONNAISSANCE ?

COMITÉ ÉDITORIAL

CHEMINS PHILOSOPHIQUES

Collection dirigée par Roger POUIVET

Julien DUTANT

QU'EST-CE QUE LA CONNAISSANCE ?

Paris

LIBRAIRIE PHILOSOPHIQUE J. VRIN

6, place de la Sorbonne, V[e]

2010

© *Librairie Philosophique J. VRIN,* 2010

Imprimé en France

ISSN 1762-7184

ISBN 978-2-7116-2285-6

www.vrin.fr

QU'EST-CE QUE LA CONNAISSANCE ?[*]

Lorsqu'on demande à un philosophe ce qu'est la connaissance, on attend de lui une explication de ce en quoi elle consiste – une *théorie de la connaissance*. Je n'y manquerai pas. Les textes de Bertrand Russell et Peter Unger qui reproduits ici en proposent chacun une, et dans le commentaire qui leur fait suite, je suggérerai qu'une connaissance est *une croyance fondée sur une méthode infaillible*.

Avant d'entrer dans la philosophie proprement académique, je souhaite d'abord dresser un portrait de la connaissance qui soit utile à quiconque s'intéresse à la notion, qu'il soit philosophe, sociologue, économiste, historien(ne), juriste,

[*] Ce livre a bénéficié des relectures diligentes, critiques et attentives de Pierre de Chambure, Nicolas Charles, Annie Dutant, Pascal Engel, Pôl-Vincent Harnay, Laurence Harang, Adrien Nguyen Huu, Clément Layet, Neil Martin et Nicolas Pain. Il doit aussi beaucoup aux étudiants de Paris IV et de Genève auxquels j'ai enseigné sur ce thème, à mes collègues genevois, à Pascal Engel, aux idées de Peter Unger et Timothy Williamson et à l'enseignement de John Hawthorne. Je leur exprime ici ma gratitude, ainsi qu'à Roger Pouivet pour ses encouragements et sa patience. Ce livre a été écrit lors d'un séjour de recherche soutenu par le Fonds National Suisse de la Recherche Scientifique (bourse FNS PBGEP1-125972).

ou autre. C'est le but de la première partie, qui vise à expliciter ce qu'on pourrait appeler la *conception ordinaire de la connaissance*. Le vocabulaire technique est ici réduit au strict minimum, et j'ai relégué dans les notes de bas de page les questions intéressant surtout les philosophes universitaires.

La connaissance n'est en effet pas comme les baryons ou les trilobites : nous savons un ensemble de choses à son sujet avant même d'en aborder une théorie particulière. Ou du moins, nous avons un ensemble d'idées sur elle qui sont à première vue plausibles. Il n'est pas garanti à l'avance que la « conception » que ces idées forment soit unifiée, cohérente, ou exactement partagée par chacun d'entre nous. La frontière qui sépare cette conception des théories peut être floue, et certains de ses aspects peuvent relever d'un contexte historique et géographique particulier. Mais les idées que j'en tire ici sont tellement élémentaires qu'il serait difficile de soutenir qu'une majorité d'entre elles soit fausse ou qu'elles ne soient pas largement partagées à travers les cultures.

Mettre à jour les idées les plus élémentaires de la conception ordinaire n'est toutefois pas une affaire triviale, et tout le monde n'accordera pas que toutes les thèses présentées ici en font partie. Les thèses ne sont pas triviales non plus, et aucune ne s'est trouvée sans un philosophe pour la rejeter. L'exposition en paraîtra inévitablement morcelée : il serait artificiel de présenter les divers aspects de la conception ordinaire comme découlant d'une idée centrale. C'est au contraire le travail d'une *théorie* de la connaissance que de fournir une vue unifiée de la connaissance qui explique que celle-ci ait (et dans certain cas n'ait pas) les propriétés que la conception ordinaire lui prête. Néanmoins, prises ensemble, les thèses de la conception ordinaire dessinent un portrait de ce qu'est la connaissance et des rôles qu'elle joue et qu'elle doit jouer dans nos existences. Le lecteur impatient en trouvera un résumé en conclusion de cette partie.

Il y a trois façons de répondre à une question « Qu'est-ce que …? » : par des *exemples*, par une *définition*, par une ou plusieurs *fonctions*. On peut dégager des thèses importantes de la conception ordinaire sous chacun de ces trois points [1].

PREMIÈRE FAÇON DE DIRE CE QU'EST LA CONNAISSANCE : LES EXEMPLES

Une première façon de répondre à une question de la forme *qu'est-ce que …?* consiste à donner des exemples. En voici quelques-uns de ce qu'on appelle des « connaissances » en philosophie contemporaine [2]. Vous savez certainement que les moutons sont couverts de laine, où se trouvent les clés de votre logement, et si vous avez un livre dans la main. Vous savez

[1]. L'approche adoptée ici, qui consiste à caractériser la connaissance par ses relations à d'autres notions sans chercher à l'analyser, doit beaucoup à l'ouvrage majeur et très influent de T. Williamson, *Knowledge and its limits*, Oxford, Oxford UP, 2000, qui suggère d'abandonner le projet d'analyser la connaissance et de se demander plutôt ce qu'elle analyse. Voir la traduction du chap. I de ce livre dans J. Dutant et P. Engel (dir.), *Philosophie de la connaissance*, Paris, Vrin, 2005, et P. Engel, *Va Savoir!*, Paris, Hermann, 2007, chap. III. Les thèses présentées ici sont toutefois partagées bien au-delà de ceux qui s'inspirent du programme de T. Williamson.

[2]. Du moins la philosophie contemporaine de tradition analytique, sans égale pour la variété, le détail et la rigueur de ses théories de la connaissance. Voir R. Pouivet, *La philosophie contemporaine*, Paris, PUF, 2008. Pour autant que je puisse juger, les autres courants sont idéalistes (Ed. Husserl, voir la seconde partie, p. 101-102), « élitistes épistémologiques » (voir *infra*, p. 13), proches de la sociologie de la connaissance (M. Foucault, voir *infra*, p. 30-33), ou n'emploient pas du tout la notion de connaissance.

peut-être aussi des choses moins banales, à savoir qu'il pleuvra plus d'une fois à Bruxelles l'an prochain, que vos collègues ont des poumons, ce que votre mère pense de votre petit(e) ami(e), que vos cheveux contiennent des molécules d'ADN, et qu'Apollon n'existe pas. Vous connaissez sans doute également une grande ville et un(e) dentiste ; et vous savez peut-être jouer à la belote ou comment trouver un hôpital. Mais vous ne savez probablement pas où le directeur de l'OMS a déjeuné hier, si le nombre d'oiseaux en train de voler à cet instant même est pair ou impair, ni ce que je pense de Wagner. Il est facile, mais utile, de prolonger ces listes pour donner une idée ce qu'on entend par « savoir » et « connaître » et montrer que ce n'est pas la même chose qu'imaginer, espérer, planifier ou croire quelque chose.

Cette façon de répondre aux questions « *qu'est-ce que … ?* » en montrant ou mentionnant des exemples, qu'on peut appeler « réponse *par ostension* » (du latin *ostendere*, « montrer »), a été notoirement critiquée par Platon[1]. Mais il n'est pas évident qu'elle soit insatisfaisante : on peut certainement faire savoir à un enfant « par ostension » ce qu'est le violet, ce qu'est un hanneton ou qui est son oncle. Et on imagine même difficilement comment faire autrement. Une telle réponse repose toutefois en partie, et d'une façon difficile à caractériser, sur certaines connaissances et capacités préalables de celui à qui

---

1. *Cf.* par exemple *Ménon*, 72. Platon reprend probablement cette critique à Socrate. « Définition par ostension » est habituellement réservé au cas où on « définit » en montrant du doigt : voir B. Russell, *La connaissance humaine, sa portée et ses limites* (1948), Paris, Vrin, 2002, sec. II. 2, mais je pense que la situation est essentiellement la même lorsqu'on explique un terme par des exemples. De fait, B. Russell lui-même qualifie de « définition par ostension » son explication de la notion de fait par des exemples, section II.11.A.

on l'adresse. Ainsi, c'est parce que d'une façon ou d'une autre l'enfant saisit déjà la notion d'espèce qu'il comprend ce qu'est un hanneton lorsque je lui en montre un, sans quoi il ne pourrait savoir si « hanneton » désigne tout insecte de la même couleur, ou tout petit animal qui vit dans les parages, ou uniquement celui que j'ai dans la main, etc. [1]. En ce sens il est vrai que ces réponses *ne disent pas tout*, elles s'appuient sur quelque chose qu'elles ne formulent pas explicitement – c'est pourquoi le simple fait de dire que 23, 47 et 199 sont premiers ne suffit normalement pas pour apprendre à quelqu'un ce qu'est un nombre premier. C'est là ce qu'il y a de juste dans la critique de Platon : donner quelques exemples ne suffit pas à soi seul pour déterminer comment le terme s'applique à d'autres cas. Mais est-ce un problème ? Il est de toute façon impossible de donner une réponse pouvant être comprise par *quelqu'un qui ne saurait absolument rien*. Une telle personne, si on peut l'imaginer, ne serait pas en mesure de comprendre la réponse. Il faut donc bien, en philosophie comme dans tout questionnement théorique, partir de quelque chose, à savoir d'un arrière-plan de connaissances acquises par d'autres moyens, que les philosophes nomment souvent les « connaissances de sens commun ».

Dans le cas qui nous intéresse, on peut penser que c'est précisément parce que *vous savez déjà ce qu'est la connais-sance* que ma liste d'exemples vous permet de saisir ce dont je veux parler. De même, vous utilisez les verbes « savoir » et « connaître » de façon compétente : vous ne les confondez pas

---

1. *Cf.* E. Rosch, « Principles of Categorization », dans E. Rosch and B. Lloyd, *Cognition and Categorization* (1978), réimp. dans E. Margolis et S. Lawrence (eds.), *Concepts, core readings*, Cambridge, MIT Press, 1999, p. 189-206.

avec « croire » ou « espérer », vous comprenez les phrases qui les contiennent, etc. Là où Socrate aurait dit que ses interlocuteurs ne savaient pas ce qu'étaient la justice ou la connaissance parce qu'ils étaient incapables d'en fournir une définition, les philosophes contemporains souligneront plutôt le fait qu'on voit mal comment quelqu'un pourrait utiliser à peu près correctement les mots « juste » et « connaître » s'il ne savait pas, d'une manière ou d'une autre, ce que sont la justice et la connaissance[1]. Notre usage courant des termes « savoir » et « connaître », illustré par ma liste d'exemples, reflète ainsi ce que nous savons de la connaissance avant même d'en faire une théorie. Que nous enseigne-t-il ?

L'ubiquité des connaissances ordinaires

La connaissance est quelque chose d'ordinaire et de largement répandu, à première vue du moins. Elle n'est pas l'apanage des savants et ne consiste pas seulement dans ce qu'on enseigne à l'école : il n'y a pas de science de la localisation de mes clés ni de cours d'identification de mon chat, mais cela ne m'empêche pas de savoir où sont les premières ni que le second est dans le jardin. Lorsqu'on commence à leur prêter attention, on se rend vite compte que ces connaissances « ordinaires » forment la part immergée d'un iceberg dont les connaissances scolaires et scientifiques ne sont que la petite partie visible[2].

---

1. Platon en vient lui-même à postuler une certaine forme de connaissance présente même chez ceux qui sont incapables de définir : c'est la théorie de la réminiscence du *Ménon*.

2. Voir G.E. Moore, « Apologie du sens commun » (1925), dans F. Armengaud (éd.), *G.E. Moore et la naissance de la philosophie analytique*, Paris, Klincksieck, 1985, p. 135-160. Notez qu'il ne va pas de soi que la concep-

Cette idée peut surprendre les lecteurs familiers de la philosophie classique. Avant le XXᵉ siècle, les philosophes concentraient surtout leur attention sur des cas de connaissance plus « nobles » ou exceptionnels, comme les sciences ou de supposées connaissances philosophiques ou théologiques spéciales telles que la dialectique platonicienne, la certitude cartésienne ou la révélation biblique. Cet *élitisme épistémologique* a conduit des philosophes comme Platon ou Descartes à des positions semblant impliquer qu'à l'exception de quelques savants peut-être, *personne ne sait rien* : par exemple, personne ne saurait que Rome est une ville italienne ou que les chevaux mangent de l'herbe. Sur le plan méthodologique, cet élitisme est mauvais. Alors que les alchimistes se passionnaient pour des phénomènes spectaculaires ou rares, voire imaginaires, comme la transformation du plomb en or, le progrès en physique est venu de la considération de phénomènes communs et simples comme les balances, les pendules ou la chute de billes. De même, les connaissances « ordinaires », aussi banales qu'elles puissent être, sont un objet d'étude bien plus solide et fiable que celles qui ont captivé l'attention de nombreux philosophes. Elles sont reconnues plus universellement et avec plus de certitude : les anciens Grecs et les tribus isolées de Nouvelle-Guinée pensaient eux aussi savoir ce qu'ils avaient mangé la veille, et presque tout le monde parierait davantage sur le fait que nous savons qu'il pleut souvent sur Terre, que sur celui que nous savons qu'il existe d'autres galaxies. Elles posent moins de problèmes à la fois, là où, par exemple, les connaissances mathématiques ou morales soulèvent des questions

---

tion ordinaire de la connaissance tienne la connaissance pour quelque chose d'ordinaire et non d'exceptionnel.

supplémentaires (Les nombres existent-ils ? Y a-t-il des vérités morales ?). Et si l'on veut placer certaines connaissances (comme celles des sciences) dans une catégorie à part, cela n'implique pas pour autant qu'elles diffèrent de connaissances ordinaires *en tant que connaissances* : de même que les oiseaux capturés ne diffèrent pas des oiseaux libérés *en tant qu'oiseaux*, elles pourraient, par exemple, ne différer que dans les moyens de les acquérir ou de les conserver. Enfin, même si l'on accordait que les connaissances ordinaires ne sont pas de « vraies » connaissances (ce qui est difficile à croire), il reste cependant une différence claire entre celui qui a seulement *deviné* qu'une pièce était tombée sur face et celui dont on dirait ordinairement qu'il le *sait*. Comme on le verra en seconde partie, il n'est pas aussi aisé qu'il n'y paraît de l'expliciter.

Connaissance et science sont deux choses distinctes

Connaissance et science sont deux choses distinctes. On a déjà vu qu'il y a des connaissances non scientifiques : ce que vous savez de votre dernier repas, par exemple. Il y a aussi des théories scientifiques qui ne sont pas des connaissances. Par exemple, les physiciens du XIXᵉ siècle pensaient que la lumière était l'ondulation d'un milieu à la fois solide et parfaitement pénétrable, l'éther. Il s'avère que cet éther n'existe pas. C'est pourquoi il semble faux de dire que Fresnel ou Maxwell *savaient* que la lumière était une ondulation de l'éther – tout au plus *croyaient-ils* le savoir. Leurs théories n'étaient donc pas des connaissances. En même temps, il est difficile de nier que leurs théories étaient scientifiques. Science et connaissance sont donc deux choses distinctes. Cela n'empêche pas qu'il y ait des connaissances scientifiques : par exemple, on sait sans doute que les continents ont dérivé ou que la lumière se propage plus vite dans l'air que dans l'eau. (Mais l'avenir ne pourrait-il pas révéler qu'on ne sait pas cela non plus ? Et cette simple *possibilité* n'implique-t-elle pas que de fait on ne *sait* pas ? Ce genre de considération est à la base de certains arguments dit sceptiques, qu'on discutera plus loin[1]. Pour le moment, contentons-nous du fait qu'il semblerait absurde, hors d'une classe de philosophie, d'affirmer sans autre forme de procès qu'on ne sait pas si les continents ont dérivé.) Il resterait à dire quelle est la relation entre science et connaissance : par exemple, on pourrait soutenir que la science est un ensemble de moyens plus ou moins systématisés d'acquérir des connaissances. Mais c'est une autre question ; il suffit ici de retenir que science et connaissance sont deux notions distinctes.

Connaissance des choses et connaissance des vérités

Nos exemples de connaissances nous enseignent une seconde distinction. Comparez :

1) Alice connaît Paris.
2) Alice sait que Paris est la capitale de la France.

Le verbe français « connaître » prend pour complément un terme désignant *quelque chose* : d'habitude une personne ou un lieu, mais pas seulement (essayez avec « le prix de cette villa », « les idées de son oncle », « les plaisirs du vin »). Le verbe « savoir » n'accepte pas de tels compléments, à quelques exceptions près. Il prend souvent une phrase entière précédée de « que », comme dans (2) ; c'est ce qu'on appelle une « phrase subordonnée ». Les phrases, subordonnées (comme

1. Voir *infra*, p. 120 et P. Engel, *Va Savoir!*, *op. cit.*, chap. II.

« que la bibliothèque est fermée ») ou non (comme « Tu t'es coupé les cheveux »), ne semblent pas désigner des objets. Ce qui les caractérise est plutôt d'être vraies ou fausses selon qu'une certaine condition est remplie ou non. Par exemple, s'agissant d'une bibliothèque particulière, la phrase « la bibliothèque est fermée » est vraie si, et seulement si, le monde ou la réalité remplit une certaine condition : à savoir, d'être un monde où cette bibliothèque est fermée. Corrélativement, si je dis que la bibliothèque est fermée, ou si je crois qu'elle l'est, alors que cette condition n'est pas remplie, je dis ou crois quelque chose de faux ; si j'espère que la bibliothèque est fermée, ou si je regrette qu'elle le soit, alors que cette condition est remplie, j'espère ou regrette quelque chose qui est réalisé ; et de même pour les autres verbes dont les compléments sont des phrases subordonnées. Les philosophes nomment « proposition » ce qui est susceptible d'être vrai ou faux et disent que les phrases expriment des propositions ; les subordonnées en « que » sont des « clauses propositionnelles »[1]. On nomme donc *connaissance propositionnelle* le fait de savoir *que quelque chose est le cas*, comme dans (2)[2]. On peut aussi

---

1. Les propositions ne sont pas les phrases elles-mêmes (l'usage médiéval et moderne du terme n'est pas toujours clair sur ce point). « Il pleut » en français et « *Es regnet* » en allemand sont deux phrases distinctes, mais elles peuvent exprimer la même proposition, c'est-à-dire la même condition sur l'état du monde. Si moi et mon frère disons « Je m'appelle Julien », nous énonçons la même phrase, mais n'exprimons pas la même proposition : car ce que je dis est vrai alors que ce qu'il dit est faux, ce qui serait impossible si nos deux affirmations exprimaient la même condition sur l'état du monde.

2. Suivant B. Russell, on a pris l'habitude de nommer « attitude propositionnelle » les relations qu'un sujet peut avoir envers une proposition telles que *croire*, *espérer*, *douter*, *vouloir*, *imaginer*, ..., que quelque chose est ou soit le cas. Les verbes correspondants sont les « verbes d'attitude propositionnelle ».

parler de *connaissance des vérités* ou de *connaissance des faits*, car, comme on le verra, si l'on sait que quelque chose est le cas alors il doit être vrai que c'est le cas ; autrement dit, ce doit être un fait. On distingue ainsi la connaissance des vérités de la *connaissance des choses*, qu'on appelle aussi « accointance » [1]. (On aurait pu envisager de parler du « savoir » dans un cas et de la « connaissance » dans l'autre, mais l'usage ne fait pas de distinction entre ces termes, et aucun philosophe n'a réussi à imposer la sienne.)

La philosophie de la connaissance contemporaine s'intéresse presque exclusivement à la connaissance des vérités. C'est dommage, parce que l'accointance est une notion à laquelle on fait jouer un rôle important dans d'autres domaines de la philosophie (lorsqu'on discute par exemple s'il faut expérimenter la douleur pour la connaître, ou s'il faut connaître Pierre pour comprendre les affirmations faites à son sujet). Et aussi parce que les attributions d'accointance soulèvent des questions intéressantes : dans certains contextes, on ne dira de quelqu'un qu'il « connaît Pierre Boulez » que s'il l'a rencontré en personne, alors que, dans d'autres, il suffira qu'il sache que c'est un compositeur contemporain. On peut également se demander si la connaissance des vérités et l'accointance sont deux espèces d'une même chose, la connaissance en général (dont il nous manque encore la théorie), ou deux choses distinctes : certaines langues utilisent le même mot (comme l'anglais *know*) pour exprimer les deux, mais on pourrait soutenir qu'il s'agisse d'une homonymie. Bref, tout un travail

---

C'est certes forcer l'usage que de parler d'« attitude » pour *ignorer que* (qui semble plutôt désigner une absence d'attitude), mais la terminologie est restée.

1. B. Russell, *Problèmes de philosophie*, Paris, Payot, 1989, chap. V (« connaissance directe » traduit *acquaintance*, « accointance » ici).

reste à faire sur l'accointance, mais nous devrons la laisser de côté ici. La connaissance des vérités, le *savoir que*, offre déjà largement matière à réflexion.

Le verbe « savoir » n'est pas toujours suivi d'une subordonnée en « que ». Il peut aussi être suivi d'un complément exprimant une question :

> 3) Brice sait qui a appelé / quand le magasin est ouvert / où sont les toilettes / ce que Cécile a mangé / si Denis est venu / pourquoi Éric est parti.

A-t-on ici un nouveau type de connaissance, voire plusieurs : le ou les savoir-quoi ? Les philosophes s'accordent à dire que non. Dire que Brice sait *si* Denis est venu signifie que ou bien Brice *sait que* Denis est venu, s'il est venu, ou bien que Brice *sait que* Denis n'est pas venu, s'il n'est pas venu. De même, Brice sait *quand* le magasin est ouvert si, par exemple, le magasin est ouvert de 9h à 18h et Brice sait *que* le magasin est ouvert à ces heures-là. Plus généralement, les affirmations (3) disent ainsi que Brice sait *que* quelque chose est le cas, où cette chose est la bonne réponse à la question subordonnée. Une « bonne » réponse ne doit pas simplement être vraie, mais aussi suffisamment précise, et le degré de précision requis peut varier avec les contextes : dans certaines conversations, « Brice sait où est Cergy » est une affirmation vraie si Brice sait que Cergy est en France, alors que dans d'autres, elle ne l'est que s'il sait que c'est au nord-ouest de Paris.

Le savoir faire

Un autre groupe d'usages courants de « savoir » est plus controversé. Considérez :

> 4) Fred sait comment ouvrir le coffre.
> 5) Fred sait ouvrir le coffre.

À première vue, le *savoir faire* est quelque chose de très différent du *savoir que* : le premier requiert d'avoir certaines capacités d'agir, le second non[1]. D'un autre côté, des considérations linguistiques poussent à rapprocher (4) de (6) :

6) Fred sait comment Jean ouvre le coffre.

et à traiter (4) et (6), voire (5), sur le modèle des questions subordonnées[2]. L'idée est que *savoir comment faire un soufflé*, par exemple, consiste à *savoir qu*'une certaine façon de faire est une façon de faire un soufflé, où la *façon de faire* en question nous est familière par le fait de la pratiquer. Cette réduction du *savoir faire* au *savoir que* est toutefois débattue, et certains compteront le *savoir faire* comme une troisième notion de connaissance, après la connaissance propositionnelle et l'accointance. Nous laisserons cette question de côté ici.

DEUXIÈME FAÇON DE DIRE CE QU'EST LA CONNAISSANCE : PAR DÉFINITION

Une seconde façon de répondre est de donner une « définition » de la connaissance. Mais ce qu'on entend par « définition » n'est pas aussi clair que le laisse penser l'usage fréquent du terme en philosophie et ailleurs. L'idée même de définir une *chose* (plutôt qu'un *mot*) est problématique : qu'est-ce que définir l'eau, les chats ou Napoléon ? (Les explications métaphoriques qu'on donne parfois, comme « délimi-

---

1. G. Ryle, « Savoir faire et savoir que », dans *La Notion d'Esprit* (1949), Paris, Payot, 2005.

2. J. Stanley et T. Williamson, « Knowing how and knowing that », *Journal of Philosophy*, 2001, p. 411-444.

ter un objet », aident peu : comment « délimitez »-vous l'eau ?)
Cela étant dit, l'idée d'une « définition » en philosophie est en
gros la suivante : si vous avez une définition du mot « bla-bla »
(voire de la chose *bla-bla*), alors vous pourriez en principe
vous passer de l'expression « bla-bla ». Ceci suggère deux
conditions minimales pour que quelque chose soit une définition : 1) tout ce qu'on disait avec « bla-bla » peut être dit en
utilisant la définition, 2) ce qu'on disait de vrai avec « bla-bla »
reste vrai lorsqu'on le dit avec la définition (et tout ce qu'on
disait de faux reste faux). Certains ajouteraient que 3) ce qu'on
dit avec la définition doit être *synonyme* de ce qu'on disait avec
« bla-bla », c'est-à-dire, doit avoir le même sens. Mais cette
dernière condition s'avère poser des problèmes délicats, parce
que la notion de sens d'un mot n'est pas plus claire, et on la
laissera de côté ici [1].

Les deux premiers réquisits (de pouvoir dire la même
chose et de préserver la vérité et la fausseté) sont déjà extrêmement restrictifs. Par exemple, « l'élève le plus célèbre de
Platon » n'est pas une *définition* d'« Aristote », parce que « Il
aurait pu se faire qu'Aristote ne soit pas l'élève le plus célèbre
de Platon » est vrai, tandis que « Il aurait pu se faire que l'élève
le plus célèbre de Platon ne soit pas l'élève le plus célèbre de
Platon » est faux [2]. Ou encore, « canidé domestique » n'est pas
une définition de « chien » parce qu'il se peut que « mon renard
est un canidé domestique » soit vrai mais pas que « mon renard

1. La notion de synonymie a notamment été critiquée par W.V.O. Quine,
« Les deux dogmes de l'empirisme » (1951), dans P. Jacob (éd.), *De Vienne à
Cambridge*, Paris, Gallimard, 1980.
2. S. Kripke, *La logique des noms propres* (1972), Paris, Minuit, 1982,
première conférence.

est un chien » soit vrai. En fait, si on y regarde de près, la plupart des « définitions » qu'on trouve dans les dictionnaires ne satisfont pas ces réquisits[1]. Les mots « connaissance », « savoir » et termes apparentés ne sont pas une exception. Certains donnent comme définition de « connaître » : « être capable de formuler l'idée de »[2]. Mais il se peut manifestement que quelqu'un soit *capable de formuler l'idée d'*un chien à six pattes sans connaître un chien à six pattes. D'autres proposent : « avoir présent à l'esprit (un objet réel ou vrai) »[3]. Mais vous ne cessez pas de connaître votre nom quand vous cessez de l'avoir présent à l'esprit, et vous pouvez avoir Pékin à l'esprit sans la connaître. Notez aussi que dans ces deux exemples la « définition » est moins claire que la chose définie : est-ce qu'*imaginer* est une façon d'« avoir présent à l'esprit » ? Si je *nie* que la porte soit ouverte, est-ce que j'ai « présente à l'esprit » l'idée qu'elle est ouverte ? Si je suis incapable d'expliquer ce qu'est l'amour, suis-je ou non capable de « formuler l'idée » de l'amour ?

Plutôt que de définir un mot isolément, comme dans les dictionnaires, les philosophes analytiques préfèrent en général donner une définition qui permet de remplacer des *phrases complètes* où le mot apparaît. Par exemple, on peut définir le verbe « pargir » (que je viens d'inventer) de la façon suivante :

7) Alice pargit si et seulement si   (a) Alice parle, et
                                        (b) Alice rougit.

---

1. J. Fodor *et alii*, « Against Definitions », *Cognition*, 8, 1980, p. 1-105, réimp. dans S. Laurence et E. Margolis (eds.), *Concepts : core readings*, *op. cit.*

2. *Le Petit Robert*, Dictionnaire Le Robert, Paris, 1995.

3. J. Lalande (éd.), *Vocabulaire technique et critique de la philosophie*, 12ᵉ éd. Paris, PUF, 1976.

Bien sûr pour définir « Alicia pargit », « le recteur pargit », etc., il faut remplacer « Alice » par « Alicia », « le recteur », etc., dans la partie droite. On généralise donc en écrivant :

8) A pargit si et seulement si   (a) A parle, et
                                         (b) A rougit.

où A peut être remplacé par n'importe quelle expression désignant une personne. (8) vous permet de substituer à toute phrase contenant « pargir » des phrases où seuls « parler » et « rougir » apparaissent, ce qui vous permettrait en principe de vous passer de « pargir ». C'est pourquoi (8) est une définition, même si elle n'a pas la forme habituelle d'une définition de dictionnaire comme « parler en rougissant ». L'expression « si et seulement si » indique que la partie droite fournit les *conditions suffisantes* (si) *et nécessaires* (seulement si) pour « pargir ». Selon (8), *parler* est une condition *nécessaire* pour pargir : il est impossible que quelqu'un pargisse sans parler ; on pargit seulement si on parle. Mais ce n'est pas *suffisant* ; on peut parler sans pargir pour autant. Une autre condition nécessaire pour pargir est de rougir : mais là encore, ce n'est pas suffisant. Les deux conditions (parler *et* rougir) sont néanmoins conjointement *suffisantes* pour pargir : d'après (8), il est impossible que quelqu'un soit en train de parler et de rougir et néanmoins ne pargisse pas.

De la même façon, les philosophes ont cherché une définition qui permettrait de compléter la partie droite de phrases comme (9) :

9) Alice sait que son porte-monnaie est dans le tiroir si et seulement si …

Ou plus généralement :

10) S sait que bla-bla si et seulement si …

Où S désigne une personne (un « sujet »), et « bla-bla » est une phrase exprimant une proposition. Compléter la partie droite de (10) revient à donner, pour toute proposition *p* donnée, des conditions nécessaires et conjointement suffisantes pour qu'une personne S sache que *p*. Comme on le verra dans la seconde partie du livre, donner une définition satisfaisante de la connaissance n'est pas aisé, et on peut se demander si c'est même possible [1].

On pourra néanmoins aisément identifier trois points, largement admis, qui servent de cadre à toute définition acceptable : la connaissance requiert la croyance et la vérité mais ne se réduit pas à la croyance vraie. Les liens et distinctions entre connaissance, croyance et vérité nous permettront aussi de clarifier les relations entre la notion de connaissance utilisée en philosophie (et, selon nous, dans le langage ordinaire) et celle utilisée par certains sociologues.

La connaissance requiert la croyance

Pour savoir que quelque chose est le cas, il faut *croire* que c'est le cas. Si Guy ne croit pas que les clés sont dans ma poche, alors il ne *sait* pas que les clés sont dans ma poche. « Croire » désigne ici le simple fait de *tenir quelque chose pour vrai*. Ainsi lorsque vous mangez un morceau de pain, vous *tenez* (normalement !) *pour vrai* qu'il n'est pas empoisonné, sans pour autant y réfléchir consciemment. En philosophie contemporaine, on dira donc que vous *croyez* que le pain n'est pas

---

1. T. Williamson a notoirement défendu que cela ne l'était pas dans « La connaissance comme un état mental » (2000), dans J. Dutant et P. Engel (dir.), *Philosophie de la connaissance, op. cit.*

empoisonné[1]. Cela peut être déroutant, car dans l'usage courant le mot « croire » semble vouloir dire précisément le contraire : on dit souvent « je crois qu'Henri est chez lui » pour indiquer qu'on *ne tient pas pour vrai*, mais seulement pour probable, qu'Henri soit chez lui, et dire qu'« Irène croit qu'Henri est chez lui » semble indiquer ou bien qu'elle se trompe, ou bien qu'elle n'en est pas sûre, et en tout cas qu'elle ne le *sait* pas.

Ces usages ont suggéré à certains que croire et savoir étaient en fait *contraires* : si quelqu'un croit quelque chose, alors il ne le sait pas[2]. Mais cette thèse est excessive. Par exemple, on peut imaginer des situations où il serait normal (et vrai) de dire :

> 11) Je ne sais pas si Jean sait ou non si sa petite amie est infidèle, mais en tout cas il le croit.

Si croire était incompatible avec savoir, je ne pourrais pas dire que Jean *croit* qu'elle est infidèle tout en laissant ouverte la possibilité qu'il le *sache*. En effet, si savoir et croire étaient incompatibles, et s'il se peut que Jean le sache, alors il se pourrait qu'il ne le crût pas ; et je ne serais donc pas en mesure d'assurer qu'il le *croit*. Or cela semble absurde ; donc Jean peut à la fois croire et savoir que sa petite amie est infidèle.

Peut-on au moins dire que la croyance au sens courant implique l'incertitude ? Ce n'est pas clair non plus. Imaginez

---

1. « Tenir pour vrai » n'est toutefois pas une *définition*, au sens philosophique, de « croire ». Cette expression et l'exemple du pain sont plutôt des manières d'*indiquer* le sens visé. Il faudrait sinon prendre soin de distinguer le genre de « tenir pour vrai » qui consiste à seulement faire une *hypothèse* du genre de « tenir pour vrai » qui correspond à *croire* proprement dit.

2. H.A. Prichard, *Knowledge and perception*, Oxford, Clarendon Press, 1950. Voir P. Engel, *Va savoir !*, *op. cit.*, p. 97-98.

que trois hommes sont face à moi : M. Sûr, convaincu que le réchauffement planétaire est d'origine humaine, M. Non, persuadé qu'il ne l'est pas, et M. Plutôt, qui est incertain mais qui pense que la thèse de l'origine humaine est probablement juste. Je leur demande : « qui ici croit que le réchauffement est d'origine humaine ? ». Qui doit lever la main ? La réponse naturelle est : M. Sûr et M. Plutôt. Et pourtant, si « croire » impliquait qu'on n'est pas certain, il faudrait dire que M. Sûr ne doit *pas* lever la main. Mais c'est absurde : s'il ne levait pas la main, ce serait perçu comme un mensonge de sa part.

Il y a donc des arguments en faveur de l'idée que même dans l'usage courant, « croire » signifie « tenir pour vrai » au sens des philosophes. Il resterait toutefois à expliquer pourquoi l'usage du mot « croire » sert souvent à indiquer qu'on ne sait pas ou qu'on est incertain. Une stratégie est de dire que bien que « je crois que les clés sont dans le tiroir » signifie littéralement que je le tiens pour vrai, le fait que j'ai utilisé cette phrase plus longue au lieu de dire simplement « les clés sont dans le tiroir » sert à indiquer que je laisse ouverte la possibilité qu'elle n'y soient pas, et donc que je suis incertain [1].

Prenons donc « croire » au sens de tenir pour vrai. Est-il vrai que pour *savoir* quelque chose, il faut qu'on le *croie* ? Il est clair que si je n'ai aucune opinion sur le fait que Jean soit parti, je ne peux pas *savoir* qu'il est parti. Et de même si je pense qu'il n'est *pas* parti. Mais le cas suivant pose problème :

> *L'étudiant hésitant.* Un étudiant a révisé ses cours d'histoire à la hâte et n'a pas bien mémorisé toutes les dates. À l'examen, on lui demande quand le premier incendie de la bibliothèque

---

1. Voir P. Grice, *Studies in the Way of Words*, Harvard, Harvard UP, 1989, pour une défense classique de ce genre de stratégie et plusieurs applications.

d'Alexandrie a eu lieu. La date de 48 av. J.-C. lui vient à l'esprit, mais il n'est pas sûr que ce soit la date de cet événement-là. N'ayant rien à perdre, il la donne néanmoins comme réponse – et c'est la bonne [1].

Cet exemple est avancé comme une situation où a) l'étudiant ne *croit pas vraiment* que l'incendie ait eu lieu à cette date, b) néanmoins il *sait* que l'incendie a eu lieu à cette date, parce qu'il l'a réellement mémorisée. Cette description est toutefois difficile à accepter. Ou bien on affirme clairement que l'étudiant *sait* que l'incendie a eu lieu à cette date, et il y a une forte pression pour dire qu'en un sens peut-être affaibli ou élargi du mot, il le *croit* également. Ou bien on affirme clairement qu'il ne croit pas que l'incendie a eu lieu à cette date, et on est poussé à dire qu'à strictement parler il ne le *sait* pas non plus.

La connaissance requiert la vérité

Une seconde condition pour la connaissance des faits est la *vérité*. S'il n'est pas vrai que les clés sont dans le tiroir, alors Karim ne sait *pas* que les clés sont dans le tiroir. S'il n'est pas vrai que la Terre est au centre du système solaire, alors il est faux de dire que Ptolémée *savait* que la Terre était au centre du système solaire. Comparez également les deux dialogues :

> 12) – Karim croit que les clés sont dans le tiroir.
>   – D'accord, mais est-ce qu'elles y sont ?
> 13) – Karim sait que les clés sont dans le tiroir.
>   – D'accord, mais est-ce qu'elles y sont ?

---

1. Voir D. Lewis, « La connaissance insaisissable », dans J. Dutant et P. Engel (dir.), *Philosophie de la connaissance*, *op. cit.*, p. 369, et les références qu'il cite en note.

La seconde réplique de (13) semble absurde. Pourtant, elle serait raisonnable s'il était possible que Karim sache que les clés sont dans le tiroir sans qu'elles y soient vraiment. C'est précisément parce qu'il se peut que Karim *croie* que les clés sont dans le tiroir sans que cela soit vrai, que la seconde réplique de (12) est sensée. Au contraire, dans (13), si l'on fait confiance au premier locuteur et qu'on accepte que Karim *sache* que les clés sont dans le tiroir, alors on accepte du même coup qu'elles y sont. (Bien entendu, il se pourrait que le premier locuteur se trompe en affirmant qu'il le sait, et que de fait les clés soient ailleurs ; mais cela ne contredit pas l'idée que *s'il est vrai* que Karim *sait* que les clés sont dans le tiroir, alors les clés *sont* dans le tiroir.) Considérez enfin l'étrangeté des affirmations suivantes :

14) Lucie sait que le robinet est fermé, mais il est ouvert.
15) Lucie sait que le robinet est fermé, mais elle se trompe.

Si la vérité est une condition nécessaire de la connaissance, leur étrangeté s'explique simplement : ce sont des contradictions. La première partie de la phrase implique que le robinet est fermé, mais la seconde affirme qu'il ne l'est pas.

La vérité

L'idée que la connaissance requiert la vérité prête parfois à confusion. Ce n'est qu'*après avoir découvert* que les planètes ne tournaient pas autour de la Terre qu'on *peut dire* que Ptolémée ne savait pas qu'elles tournaient autour de la Terre, puisqu'il se trompait à ce sujet. Avant cette découverte, on aurait dit (comme lui) qu'il le savait. Certes, mais qu'est-ce que cela implique ? Certainement pas qu'il *était vrai* à l'époque de Ptolémée que les planètes tournaient autour de la Terre. Si l'astronomie actuelle est juste, les planètes ont *toujours* tourné autour du Soleil depuis leur formation ; elles n'ont pas changé de trajectoire au XVIᵉ siècle. Le fait que les contemporains de Ptolémée aient tous *tenu pour vrai* que les planètes tournaient autour de la Terre ne suffit pas à *rendre vrai* qu'elles tournaient autour de la Terre – ce serait trop beau ! Cela n'implique pas non plus que Ptolémée *savait* que les planètes tournaient autour de la Terre, pour les mêmes raisons. Mais cela implique-t-il néanmoins que, d'une façon ou d'une autre, ce n'est qu'avec les découvertes de Copernic qu'il est *devenu vrai* que Ptolémée ne savait pas qu'elles tournaient autour de la Terre ? Non plus : si, depuis le début, la théorie de Ptolémée était fausse, alors Ptolémée ne savait pas, et cela même si personne ne s'était encore rendu compte qu'elle était fausse. En d'autres termes, il faut certes avoir découvert la fausseté de ce qu'une personne croit pour *découvrir* qu'elle se trompe, mais cela n'est pas nécessaire pour que *de fait* elle se trompe. Pour qu'elle se trompe, il suffit que sa croyance soit fausse *de fait*, qu'on s'en rende compte ou non.

Le paragraphe précédent admet qu'il peut y avoir des vérités dont personne ne se rend compte[1]. Certains philosophes sont tentés de le nier ; et c'est même devenu un lieu commun pour des pans entiers de la culture contemporaine que de dire qu'il n'y a de vérité ou d'« objectivité » qu'« intersubjective », c'est-à-dire constituée en partie par notre accord à son sujet. Bien que les arguments avancés en faveur de ce genre de position méritent qu'on les considère attentivement

---

1. On appelle cette thèse le *réalisme*. De nos jours on préfère appeler ceux qui la rejettent *anti-réalistes*, plutôt qu'idéalistes, parce qu'on peut rejeter le réalisme sans pour autant soutenir nos idées soient constitutives de tout ce qui est ou de tout ce que nous connaissons.

(sans parler du fait qu'ils trouvent leurs sources chez des philosophes aussi importants que Berkeley, Hume, Kant, Husserl, Carnap ou Russell), il faut toutefois mesurer à quel point leurs conséquences paraissent à première vue absurdes et exigent en tout cas des révisions majeures de nos conceptions ordinaires. Peu de gens doutent qu'ou bien leur frigo contient du beurre, ou bien il n'en contient pas, que l'une de ces deux options doit être vraie même lorsqu'il est fermé et que personne n'y pense, et que cela ne changerait rien à l'affaire que le frigo soit pulvérisé à tout jamais dans la prochaine minute sans qu'on n'ait eu le temps de vérifier. Peu de gens doutent qu'il y a une vérité sur le nombre de cheveux qu'ils ont sur la tête à cet instant même, et que cette vérité est là même si personne ne les comptera jamais. Et peu de gens raisonnablement familiers avec la biologie et la géologie doutent qu'il y avait des vérités au sujet de la Terre avant que la vie intelligente n'y apparaisse[1]. L'idée qu'il y a des vérités auxquelles personne ne pense imprègne ainsi largement et profondément notre vie ordinaire et la pratique des sciences (en dépit parfois de ce qu'en disent les savants eux-mêmes), et elle n'a jamais été démentie jusqu'ici[2]. Il faut donc être *extrêmement* circonspect avant de

---

1. Ces considérations me font douter que ceux qui disent que « la vérité est constituée intersubjectivement », par exemple, prennent réellement cette idée au pied de la lettre. Ils veulent peut-être parler de *ce que nous pensons* de la vérité, ou de comment nous la *décrivons*, et n'appliquent peut-être cette idée qu'à une partie restreinte des vérités supposées : par exemple, à des affirmations comme « la Révolution française est l'expression d'une lutte des classes » et non à des affirmations comme « la Bastille a été prise en juillet 1789 ».

2. Je sais qu'on fait dire beaucoup de choses à la mécanique quantique, et notamment, que le principe d'incertitude aurait réfuté l'idée qu'il y ait des vérités indépendantes de l'observation. Mais ce principe dit tout au plus que les particules n'ont pas de position/vitesse déterminée : voir M. Esfeld,

l'abandonner sur la base d'arguments philosophiques[1]. On l'adoptera ici sans plus de discussion. Si néanmoins elle s'avérait fausse, on pourra toutefois retenir la plupart de nos affirmations moyennant une relativisation appropriée. Par exemple, au lieu de dire « S sait que bla-bla seulement si bla-bla est vrai », on dira : « du point de vue de l'époque moderne, S sait que bla-bla seulement si du point de vue de l'époque moderne, bla-bla est vrai ».

La « connaissance » en sociologie

Les remarques précédentes permettent de clarifier la relation entre la connaissance – au sens où l'entendent les philosophes, qui me semble être aussi le sens ordinaire – et ce qu'on entend souvent par « connaissance » en sociologie[2].

Philosophie des Sciences, 2e éd. Lausanne, Presses Polytechniques-Universitaires Romandes, 2009, p. 134. Cela ne signifie pas que la vérité dépend de nous, ni que notre esprit fait sauter les particules, mais plutôt que la vérité, indépendante de nous, est indéterminée sous certains aspects.

1. Je fais appel ici à un genre de considération notamment mis en avant par G.E. Moore dans son « Apologie du sens commun », art. cit. : certaines choses sont plus certaines que tout argument philosophique qu'on a pu avancer à leur encontre. Ce n'est pas un façon de couper court à toute discussion philosophique (notamment, rien n'est acquis tant qu'on n'élucide pas ce qui ne va pas avec l'argument). Mais c'est une façon d'attribuer des « poids » raisonnables aux différentes positions possibles au début de la discussion. On voit trop souvent des philosophes rejeter des pans entiers de connaissances bien établies et testées de multiples façons sur la base d'un argument vite formulé.

2. Au sens large, « sociologie de la connaissance » désigne toute enquête sociologique sur la « connaissance » (au sens sociologique). Cela inclut par exemple les études de Durkheim sur la religion. Au sens étroit, il désigne une tradition initiée par M. Scheler, *Problèmes de sociologie de la connaissance* (1926), Paris, PUF, 1993 et K. Mannheim, *Idéologie et Utopie* (1929), Paris, Marcel Rivière, 1956.

Elles nous permettront aussi d'écarter certaines objections que l'on peut faire à la notion philosophique.

En sociologie de la connaissance, on nomme « connaissance » tout ce qui est *considéré* comme une connaissance par un groupe donné :

> La sociologie de la connaissance doit prendre pour objet tout ce qui passe pour « connaissance » dans une société, que cette « connaissance » soit ultimement valide ou non (par quelque critère que ce soit) [1].

Ainsi, « la "connaissance" comprend tout ce qui compte comme connaissance, des croyances populaires, techniques et remèdes pour vivre, aux idées religieuses et aux opinions collectives » [2]. Les sociologues s'intéressent à des corpus entiers de telles « connaissances », et examinent par quels mécanismes elles apparaissent, se diffusent et acquièrent le statut de faits établis. La question de savoir si ces « connaissances » sont vraies ou fausses est secondaire.

Si par exemple un société particulière tenait pour acquis que les vaches mangeant du pissenlit donnent plus de lait, on dirait, dans l'usage sociologique, que c'est là une « connaissance » relativement à cette société. En disant cela, toutefois, un sociologue ne veut sans doute pas dire que les membres de cette société *savent vraiment* que le pissenlit fait produire plus

---

1. P. Berger et Th. Luckmann, *La construction sociale de la réalité* (1966), Paris, Armand Colin, 1996, Introduction. Voir aussi E.D. McCarthy, *Knowledge as culture*, London, Routledge, 1996, p. 24 : « Définissons les connaissances comme *tout et quelconque ensemble d'idées et d'actes acceptés par tel ou tel groupe ou société de personnes – idées et actes relevant de ce qu'ils acceptent comme réel pour eux et pour les autres* ».

2. E.D. McCarthy, *Knowledge as culture, op. cit.*, p. 23.

de lait. Il voudrait plutôt dire par là qu'ils *pensent savoir* que c'est le cas. Et les sociologues de la connaissance préfèrent en général suspendre leur jugement sur la question de savoir s'ils *savent réellement* que c'est le cas ; et pareillement, sur celle de savoir si *c'est* le cas ou non[1]. (De même le terme de « réalité » est parfois utilisé non pour désigner la réalité elle-même, mais l'idée qu'un certain groupe s'en fait[2].)

« Connaissance » est donc souvent utilisé en sociologie pour désigner *ce qui est tenu pour une connaissance*, plutôt que la connaissance à proprement parler. D'autres sociologues parleraient plutôt de *croyances collectives*[3]. Du point de vue philosophique, cette dernière expression est plus exacte. Mais il n'y a pas à objecter à l'usage élargi de « connaissance » en contexte sociologique, pourvu qu'on garde à l'esprit la distinction entre les notions de connaissance au sens propre et de ce qui est tenu pour une connaissance.

---

1. Cet aspect de la sociologie de la connaissance est un héritage de la phénoménologie de Husserl, qui vise à décrire ce que nous paraît être la réalité en s'abstenant de juger si elle est telle qu'elle nous paraît être. Voir P. Berger et Th. Luckman, *La construction sociale de la réalité, op. cit.* : « Si nous voulons décrire la réalité du sens commun nous devons nous référer à ces interprétations [pré- et quasi-scientifiques de la réalité quotidienne], tout comme nous devons prendre compte de leur caractère d'être tenues pour acquises – mais nous le faisons à l'intérieur de parenthèses phénoménologiques ».

2. Ces remarques permettent à mon sens de clarifier ce qu'on entend par « construction sociale de la réalité » (une expression utilisée bien plus souvent qu'elle n'est définie) : il ne s'agit pas de dire littéralement que la réalité est construite par des conceptions ou activités sociales (par exemple, que les préjugés machistes suffiraient à rendre les femmes inférieures), mais que *notre idée de la réalité* est le résultat de conceptions ou d'activités sociales.

3. Par exemple R. Boudon, *Le juste et le vrai*, Paris, Fayard, 1995.

La distinction n'implique pas que la sociologie de la connaissance n'étudie pas (ce que j'appelle) les connaissances au sens propre. Ces dernières sont typiquement *aussi* tenues pour des connaissances, et sont donc inclues dans les « connaissances » au sens sociologique. On peut tout au plus dire que les connaissances au sens propre n'apparaissent pas *en tant que telles* dans la sociologie de la connaissance, elles y apparaissent plutôt en tant que *croyances*.

Je doute toutefois que tout le monde, en philosophie comme en sociologie, accepte cette distinction. Certains diront au contraire que la conception de la sociologie de la connaissance porte une leçon pour la philosophie de la connaissance [1]. Nous ne pouvons pas discuter ce genre de position en détail ici, mais il sera utile de mentionner trois arguments qui pourraient être avancés pour soutenir que la distinction entre *connaissance* et *ce qui est tenu pour connaissance* n'a pas de sens, ou qu'elle ne peut être tracée.

Pour soutenir qu'elle n'a pas de sens, on pourrait argumenter ainsi : on ne peut pas concevoir la réalité sans la concevoir « de notre point de vue », c'est-à-dire en tenant pour acquis ce que nous pensons connaître. Cela nous empêcherait en particulier de concevoir nos propres croyances comme autre choses que des connaissances.

Mais cette idée est fausse. Je peux concevoir l'hypothèse que Napoléon ait été un robot androïde envoyé sur Terre par une civilisation extra-terrestre avancée. Je suis certain de savoir que ce n'est pas le cas, mais cela ne m'empêche pas de

---

1. Par exemple M. Kusch, *Knowledge by agreement*, Oxford, Clarendon Press, 2002.

penser que *si* cette hypothèse était vraie, je tiendrais à tort ma croyance que Napoléon est un homme pour une connaissance. Et d'ailleurs rien ne m'oblige à envisager ce scenario « du point de vue » d'une personne tierce qui connaîtrait la vérité et qui pourrait distinguer l'apparence de connaissance de la connaissance réelle. Je peux donc distinguer la notion de *ce que je connais réellement* de la notion de *ce que je pense connaître*. Même si (et c'est trivial) je pense que je connais réellement tout ce que je pense connaître, je peux néanmoins *concevoir* mes propres croyances comme autre chose que des connaissances.

D'autre part, on pourrait soutenir que même si la distinction peut être conçue, il est impossible de la tracer en fait, c'est-à-dire de distinguer, dans ce qui est tenu pour connaissance, entre connaissance réelle et simple croyance. Cette idée peut être avancée sous deux formes : soit on dit que les *sociologues* ne sont pas (en tant que sociologues) en position de dire ce qui est réellement une connaissance et ce qui ne l'est pas, soit on dit que *personne* n'est en position de le dire.

La première version ne me semble pas tenable de façon entièrement générale, tout simplement parce que les sociologues savent des choses : par exemple, un sociologue étudiant un groupe pour lequel c'est un fait acquis que les femmes ne sont pas capables d'occuper des postes de commandement pourrait difficilement prétendre ne pas savoir que cette « connaissance » est fausse. Cette idée pourrait toutefois être avancée comme un précepte méthodologique : la sociologie doit expliquer la diffusion des idées (qui est un phénomène social) par des mécanismes sociaux, abstraction faite de la vérité ou fausseté des idées en question[1]. Mais cela revient à présupposer que la vérité d'une idée n'a aucun effet sur sa diffusion, ce qui est peu plausible. Les idées fausses ont plus de chances d'être contredites par les faits – par exemple, de conduire à des échecs – et lorsque c'est le cas, il leur sera plus difficile de se maintenir. Et inversement pour les idées vraies. La vérité ou la fausseté d'une idée ne semble donc pas neutre dans l'explication de sa diffusion ; et cela même si la vérité en question est une affaire de météorologie et sa diffusion un phénomène social[2].

La seconde version dit que *tout ce que chacun peut savoir, c'est qu'il croit savoir telle ou telle chose.* Elle peut paraître plausible si on l'exprime métaphoriquement, en disant par exemple :

> On ne peut pas *sortir* de son propre système de croyances pour dire si elles sont vraies.

Mais c'est une forme radicale de scepticisme : elle impliquerait que nous ne sommes pas en position de savoir, par exemple, que ceux qui pensaient que la masturbation faisait perdre l'esprit ou que les femmes étaient inaptes à commander se trompaient. Le scepticisme de cette position s'étendrait à toutes les disciplines, et pas seulement à la sociologie de la connaissance : ainsi, même un biologiste ne pourrait pas dire qu'une idée comme celle que le pissenlit accroît la production

---

1. C'est pour l'essentiel le principe de « symétrie » défendu par D. Bloor en sociologie des sciences (*Knowledge and Social Imagery*, Londres, Routledge, 1976), et c'est ce que semble impliquer la « mise entre parenthèses » phénoménologique de P. Berger et Th. Luckman, *La construction sociale de la réalité*, *op. cit.*

2. Voir R. Boudon, *Le juste et le vrai*, *op. cit.*, chap. 12, notamment p. 460.

de lait est fausse. De même, nous ne saurions pas que les avions volent, que les vaccins vaccinent, que le soleil fait bronzer, etc. Nous pourrions tout au plus dire que *selon nos théories*, c'est le cas, sans pouvoir dire que ces théories sont vraies. Mais même cela est remis en question : un sociologue ne pourrait pas dire, par exemple, que les membres d'un certain groupe croient que l'ail guérit les rhumes ; il pourrait tout au plus dire qu'*il tient lui-même pour acquis* que les membres de ce groupe croient cela. Et même cette dernière affirmation pourrait être menacée : s'il n'est pas en mesure de dire ce que d'autres groupes tiennent pour acquis, peut-être n'est-il pas en mesure de dire ce que lui-même tient pour acquis ? Il devrait donc dire qu'il tient lui-même pour acquis qu'il tient lui-même pour acquis que ce groupe pense cela ; mais cette affirmation-là rencontre la même objection, et ainsi de suite. Cette thèse entre ainsi en conflit massif avec nos conceptions ordinaires et la pratique des sciences, y compris celle de sciences qui supposent la connaissance de ce qu'autrui tient pour connaissance, comme la sociologie de la connaissance. Elle est aussi menacée d'instabilité, dans la mesure où les raisons qui mènent à l'idée qu'on ne peut pas connaître les faits peuvent également mener à douter qu'on sache que l'on croit savoir telle ou telle chose. Ces remarques ne suffisent certes pas à prouver que cette thèse est fausse. Mais elles montrent qu'on ne saurait l'accepter en l'absence d'arguments extrêmement solides.

Dire que la connaissance requiert la vérité n'implique pas qu'elle requiert la garantie de vérité

On confond facilement l'idée que la connaissance requiert la vérité avec celle qu'elle requiert une *garantie* de vérité. Une analogie aidera à dissiper cette confusion. Pour qu'Ophélie gagne à la loterie, il faut que son numéro sorte au tirage. Mais il n'est certainement pas requis qu'il soit *garanti* que son numéro sorte au tirage – par exemple, que le tirage soit truqué en sa faveur. Il est seulement requis que *de fait* son numéro sorte. Autrement dit, il faut distinguer les deux affirmations suivantes :

> 16) Nécessairement, si Ophélie a gagné alors son numéro est sorti.
>
> 17) Si Ophélie a gagné, alors son numéro est sorti nécessairement.

La première affirmation est clairement vraie ; mais la seconde dit que si Ophélie a gagné, c'est que son numéro allait nécessairement sortir, ce qui est faux si la loterie est bien faite [1].

De même, le fait que la connaissance requière la vérité n'implique pas qu'elle requière une *garantie* de vérité. Il ne faut pas confondre (18) et (19) :

> 18) Nécessairement, si Paul sait que les clés sont dans le tiroir, sa croyance qu'elles y sont est vraie.
>
> 19) Si Paul sait que les clés sont dans le tiroir, alors sa croyance qu'elles y sont est nécessairement vraie.

L'affirmation (18) dit seulement que la connaissance requiert que *de fait* ce que pense Paul au sujet des clés soit juste – c'est-à-dire la vérité. Par contre, (19) dit qu'elle requiert non seulement que les clés soient *de fait* là où Paul croit qu'elles sont, mais qu'il fût *impossible* qu'elles n'y soient pas, ou

---

1. Autrement dit, on doit distinguer « Il est nécessaire que (si *p* alors *q*) » de « Si *p* alors (il est nécessaire que *q*) ».

que Paul se trompe à ce sujet – soit une forme d'infaillibilité[1]. Comme on le verra, je défends moi-même une version de cette condition d'infaillibilité ; mais elle est très controversée, et il est important de la distinguer de l'idée largement admise que la connaissance requiert la vérité. Les deux thèses sont aisément confondues quand on exprime cette dernière sous la forme « Si S sait que p, alors nécessairement p est vrai ». Mieux vaut l'exprimer simplement : « Si S sait que p, alors p ».

La connaissance n'est pas simplement la croyance vraie

Récapitulons. Nous avons deux conditions nécessaires pour connaître : croire quelque chose, et que ce qu'on croit soit vrai. Soit :

S sait que bla-bla seulement si   (a) S croit que bla-bla,
                                    (b) Il est vrai que bla-bla,

où S désigne une personne et « bla-bla » une proposition. Est-ce que ces deux conditions sont suffisantes ? Est-ce que, à chaque fois qu'on a une croyance vraie, on a une connaissance ? Manifestement pas, comme le montrent les exemples suivants :

> *Deviner juste (1).* Mon petit frère a entendu dire qu'à Londres, il pleut tout le temps, et parce qu'il a pris cette affirmation au pied de la lettre, il croit qu'il pleut à Londres maintenant. Il se trouve que c'est vrai.
> *Deviner juste (2).* Persuadé que c'est son jour de chance, ma sœur est convaincue avant même d'avoir lu les résultats que son ticket de loterie est le gagnant. Il s'avère qu'elle a gagné[2].

---

1. Il faut donc distinguer « Il est nécessaire que (si S sait que p alors sa croyance en p est vraie) » de « Si S sait que p alors (il est nécessaire que sa croyance en p est vraie) ».
2. L'exemple est tiré du texte de B. Russell *infra*, p. 70.

Mes frère et sœur croient quelque chose qui est en fait vrai[1]. Mais il est clair qu'ils ne *savent* pas : mon frère ne sait pas qu'il pleut à Londres, et ma sœur ne sait pas qu'elle a gagné. C'est un coup de chance qu'ils aient deviné juste, et ce genre de coup de chance ne constitue pas une connaissance. (Le lecteur trouvera aisément d'autres exemples de croyances vraies qui ne sont pas des connaissances. Et je recommande de le faire, c'est un exercice utile pour mieux appréhender la notion !)

Puisque mes frère et sœur ne savent pas, il doit y avoir une ou plusieurs conditions nécessaires pour connaître qu'ils ne remplissent pas. Depuis les années 1960, une grande partie des discussions en philosophie de la connaissance vise à établir quelles conditions on doit ajouter à la croyance et à la vérité pour compléter la définition de la connaissance. La seconde partie de ce livre en donne un aperçu. La tâche s'avère étonnamment ardue, et certains soutiennent qu'elle est vaine[2].

TROISIÈME FAÇON DE DIRE CE QU'EST LA CONNAISSANCE : PAR FONCTION

Une troisième façon de dire ce qu'est la connaissance est de dire *quel rôle elle joue*. La distinction entre une définition

---

1. Certains ont des réticences à dire que des faits futurs sont vrais. Ils diront : avant le tirage, il n'est *pas encore vrai* que ma sœur a gagné. Donc elle ne peut pas avoir de croyance vraie à ce sujet avant le tirage. C'est pourquoi j'ai formulé le cas en supposant que le tirage avait déjà eu lieu. Cela dit, même s'il n'avait pas encore eu lieu, je ne vois pas pourquoi on ne dirait pas qu'il est vrai (maintenant !) qu'elle va gagner, et donc que sa croyance peut être vraie avant même le tirage. Cela semble impliquer que le futur est déterminé à l'avance ; or ce n'est pas le cas, bien qu'il soit trop long et délicat de le montrer ici.

2. Voir *supra*, p. 9, note 1.

ou analyse au sens traditionnel d'une part, et la caractérisation du « rôle spécifique » de quelque chose d'autre part, n'est ni tranchée ni aisée à tracer. Une analogie peut toutefois aider. On peut caractériser de nombreux artefacts (fourchette, téléphone ou voiture) de deux façons : soit en disant *comment ils sont constitués*, soit en disant *à quoi il servent*. La première caractérisation mentionnera le fait que la voiture a un moteur, la seconde qu'elle permet de se déplacer. Bien entendu, les artefacts ont des fonctions parce qu'ils sont créés dans un but particulier ; il est douteux qu'on puisse proprement dire d'autres choses qu'elles « servent » à quelque chose (que le nez sert à porter des lunettes, les fleuves à naviguer, les vaches à produire du lait), quoique l'idée est plus défendable dans le cas des organismes (les yeux servent à voir, la mémoire sert à apprendre par expérience, la peur sert à éviter le danger). Mais même si on ne peut pas proprement parler de *ce à quoi la connaissance sert*, il y a quelque chose d'approchant, qu'on peut appeler le *rôle qu'elle occupe* dans notre existence [1].

Se demander quel rôle la connaissance occupe est une façon très éclairante de l'étudier, et ce type de questionnement a récemment pris une importance croissante dans la philosophie de la connaissance [2]. J'introduis ici une série d'idées qui ont été avancées à ce sujet. Notez que tous les philosophes ne pensent pas que la connaissance remplisse *tous* ces rôles ; chacun peut être discuté.

---

1. On peut voir là une extension du *fonctionnalisme* à propos des états mentaux, qui caractérise la croyance ou le désir par leur « rôle causal ». Comme on le verra, le rôle de la connaissance n'est pas simplement causal, mais en grande partie normatif.

2. Une étape notable est le livre d'Ed. Craig, *Knowledge and the State of Nature*, Oxford, Oxford UP, 1990.

La connaissance permet d'éliminer des possibilités

Un premier rôle que la connaissance paraît avoir est celui d'éliminer des possibilités. Le genre de possibilités dont je veux parler est celui qu'on exprime dans des jugements comme (20)-(21) :

> 20) Quentin est en retard. Il peut avoir raté son train.
> 21) Nos invités peuvent ne pas aimer le poisson.

Le fait de savoir quelque chose semble éliminer les possibilités incompatibles avec cette chose. Si Rachel sait que Quentin a eu son train, elle semble dire quelque chose de vrai en affirmant (22) :

> 22) Quentin ne peut pas avoir raté son train.

De même, si elle sait que tous nos invités aiment le poisson, il semble qu'elle mentirait en énonçant (21). Corrélativement, (23)-(24) semblent inacceptables :

> 23) Rachel sait que Quentin est réveillé, mais il peut être en train de dormir.
> 24) Je sais que Quentin aime le poisson, mais je peux me tromper.

L'hypothèse que la connaissance élimine les possibilités de ce genre explique cela simplement : ce sont des contradictions. La seconde partie de la phrase dit qu'une certaine possibilité est ouverte, alors que la première partie implique qu'elle ne l'est pas[1].

Notez que les possibilités que la connaissance élimine sont d'un genre spécifique. Certaines possibilités ne sont pas éli-

---

1. J. Stanley, « Fallibilism and Concessive Knowledge Attributions », *Analysis*, 65, 2005, p. 126-131.

minées par la connaissance de quelque chose d'incompatible avec elles :

> 25) Et dire que je pourrais être chez moi maintenant ! (Mais je sais que je suis au bureau.)
> 26) Rachel peut imiter Céline Dion, mais je sais qu'elle ne le fera pas.
> 27) Tu peux fumer ici, mais je sais que tu ne le feras pas.

Par contraste, les possibilités que la connaissance élimine peuvent être marquées explicitement en utilisant l'expression « pour autant que je sache ». Comparez par exemple (25) avec :

> 28) Pour autant que je sache, je peux être chez moi maintenant.

(28) peut être énoncé par quelqu'un qu'on a conduit quelque part les yeux bâillonnés et qui n'a aucune idée de l'endroit où il se trouve. Mais ce serait absurde dans la bouche de celui qui, bloqué au bureau par une tâche de dernière minute, se plaint de n'avoir pu rentrer plus tôt chez lui. (25) mentionne ainsi une chose *qui aurait pu se produire*; cette possibilité reste telle qu'on sache ou non si elle s'est produite. De même, (26) mentionne quelque chose que Rachel a la *capacité* de faire, et elle retient cette capacité même si on sait qu'elle ne l'exercera pas. (27) énonce quelque chose qu'on est *autorisé* à faire, et cette autorisation demeure même si on sait qu'on n'en usera pas [1].

---

1. Parce qu'elles semblent liées à ce que l'on sait et ce qu'on ne sait pas, on appelle les possibilités que la connaissance élimine les possibilités *épistémiques* (du grec *épistèmè*, « connaissance » ou « science »). Les possibilités qui se sont produites ou auraient pu se produire sont nommées *aléthiques* (de *alèthès*, « vrai »), et on y inclut habituellement les possibilités renvoyant aux capacités. Les possibilités décrivant ce qu'on est autorisé à faire sont nommés

En admettant que la connaissance «élimine des possibilités», qu'est-ce que cela signifie plus concrètement? Une réponse qu'on peut faire est la suivante. Les possibilités en question sont des possibilités qu'*on doit prendre en compte dans l'action*. Si, pour autant que je sache, la seringue *peut* être souillée, alors je ne dois pas l'utiliser. Si, pour autant que je sache, Quentin *peut* être chez lui, cela peut valoir le coup de sonner à sa porte. Les possibilités en question seraient des possibilités dont *il faut se soucier* et/ou en lesquelles *on peut espérer*. En les éliminant, la connaissance permet, voire exige, qu'on cesse de s'en soucier ou d'espérer qu'elles se réalisent.

Est-il regrettable que la connaissance fasse disparaître certains espoirs? Si on se rappelle qu'elle requiert la vérité, on se rendra compte qu'elle n'élimine que de *faux* espoirs. Si je sais que j'ai raté mon examen à la session passée, ma connaissance m'interdit d'espérer l'avoir obtenu à cette session-là. Mais cet espoir ne se réalisera pas de toute façon, puisque le fait que je *sache* que je l'ai raté implique que je *l'ai* en effet raté. La question devient donc de savoir si certains faux espoirs sont souhaitables; je n'y vois pas de réponse simple et je laisse au lecteur le soin d'y réfléchir plus avant. De même, les craintes que la connaissance interdit sont de fausses craintes, et on peut se demander si on ne doit jamais avoir de fausses craintes. En une formule : en bien ou en mal, la connaissance

---

déontiques (du grec *deon*, « devoir »). Certains y ajoutent les possibilités *boulétiques* (compatibles avec ce que l'on veut ou désire, comme dans « Je ne peux pas vendre ce tableau, j'y tiens trop »; de *boulèsis*, « délibération ») et *téléologiques* (compatibles avec nos buts, comme dans « Pour aller à Paris, tu peux passer par Lyon », de *télos*, but). Voir P. Portner, *Modality*, Oxford, Oxford UP, 2009.

exige qu'on se libère des faux espoirs et fausses craintes que l'ignorance autorise [1].

La connaissance donne le droit d'être certain

La certitude implique la croyance mais pas la vérité. Si Sophie est certaine que Théo est chez lui, alors elle croit que Théo est chez lui, mais il se peut qu'il n'y soit pas. On doit distinguer ici le fait que *quelqu'un soit certain de quelque chose* du fait que *quelque chose soit certain* :

29) Il est certain que les clés sont dans le tiroir.
30) Sophie est certaine que les clés sont dans le tiroir.

Supposez qu'on découvre que les clés ne sont pas dans le tiroir. Cela semble impliquer que (29) est faux. Par contre, cela n'implique pas du tout que (30) soit faux : il se peut fort bien que les clés ne soient pas dans le tiroir même si Sophie

---

1. L'idée que la connaissance élimine des possibilités est la base de la logique épistémique standard, introduite par J. Hintikka, *Knowledge and Belief*, Ithaca (NJ), Cornell UP, 1962. L'argument sceptique cartésien part de l'idée qu'on ne peut éliminer la possibilité qu'on rêve; voir Cl. Tiercelin, *Le doute en question*, Combas, L'Éclat, 2005, p. 48-52. La théorie des *alternatives pertinentes* de F. Dretske dit que savoir que *p* implique seulement qu'on élimine les alternatives pertinentes à *p* : voir « Epistemic Operators », *Journal of Philosophy* 67, 1970, p. 1007-1023. Selon le *contextualisme* de D. Lewis, « La connaissance insaisissable », dans J. Dutant et P. Engel (dir.), *Philosophie de la connaissance, op. cit.*, p. 353-390, « savoir » désigne l'élimination de différents ensembles de possibilités selon le contexte de conversation où on se trouve. Notez que pour F. Dretske, « éliminer » une possibilité veut simplement dire « savoir qu'elle n'est pas le cas »; pour D. Lewis, cela désigne l'impossibilité (aléthique) que l'on ait l'expérience que l'on a si cette possibilité était réalisée. Voir Cl. Tiercelin, *Le doute en question*, op. cit, p. 54-62 et P. Engel, *Va savoir!, op. cit.*, p. 63-88.

est certaine qu'elles y soient. De même, (31) semble contradictoire, tandis que (32) ne l'est pas :

> 31) Il est certain que la porte est fermée, mais elle est ouverte.
>
> 32) Sophie est certaine que la porte est fermée, mais elle est ouverte.

Donc la certitude ne requiert pas la vérité [1].

La certitude implique aussi l'absence de doute : si Sophie doute que la porte soit fermée, elle n'est pas certaine que la porte soit fermée. Mais elle n'implique pas qu'on ne *peut pas* douter, ni qu'on ne peut pas réviser son opinion. Ce matin, Sophie est certaine que les clés sont dans son bureau. Cet après-midi, ne les y trouvant pas, elle s'est mise à douter qu'elles y soient. Puis, après avoir fouillé le bureau de fond en comble, elle a révisé son opinion, et ne croit désormais plus que les clés sont dans son bureau. Est-ce que cela montre que Sophie *n'était pas vraiment certaine* qu'elles y étaient ? Non. Elle était certaine. Elle se trompait, et les faits qu'elle a découverts par la suite l'ont amené à douter de, puis à abandonner entièrement, sa croyance ; mais ce matin, elle n'avait aucun doute et elle était certaine. Être certain requiert donc qu'on

---

1. On introduit parfois une distinction entre « certitude subjective » et « certitude objective », où la seconde serait à la fois personnelle et impliquant la vérité (« Sarah est objectivement certaine que *p* » impliquerait que *p* est vrai). Cette seconde notion est parfois attribuée à Descartes pour expliquer pourquoi il pense que ce dont il ne peut douter ne peut être faux. Pour ma part, je peine à la distinguer de la notion de *connaissance certaine* ; et plutôt que d'expliquer Descartes en lui attribuant cette notion baroque, je trouve plus utile de demander pourquoi il pense que certaines certitudes (subjectives) sont nécessairement vraies. Quoiqu'il en soit, les remarques ci-dessus suggèrent que la notion ordinaire de certitude est celle de certitude *subjective*. C'est la seule que nous utiliserons ici.

n'ait pas de doute, pas qu'on ne *puisse pas en avoir*, ni qu'on ne puisse réviser son opinion. La certitude n'implique donc ni l'indubitabilité ni l'incorrigibilité.

Plusieurs philosophes ont défendu l'idée que la connaissance implique la certitude, c'est-à-dire :

Si *S* sait que *p*, alors *S* est certain que *p* [1].

Cette thèse a une certaine plausibilité. Si Théo n'est pas sûr que la fenêtre soit ouverte, il semble que par là-même il ne sait pas si la fenêtre est ouverte. Et il serait étrange de dire : « je sais que la fenêtre est ouverte, mais je n'en suis pas certain ». Cependant, on peut avancer des contre-exemples. L'anxiété peut nous faire douter de choses que nous savons : même si vous savez avoir correctement attaché votre bébé, dès que la possibilité qu'il soit mal attaché vous traverse l'esprit, le doute vous assaille ; on peut pourtant soutenir que vous ne cessez pas de savoir [2]. Ou encore, supposez qu'Uri ne soit pas certain qu'un restaurant que nous cherchons est là où il croit qu'il est. Il semble acceptable pour Uri de dire :

33) Je crois que je sais où se trouve le restaurant.

Pourtant, si la connaissance impliquait la certitude, l'incertitude d'Uri suffirait à établir qu'il ne *sait pas* où se trouve le restaurant. Comme il sait bien qu'il n'est pas certain, Uri devrait se rendre compte qu'il ne sait pas où est le restaurant, et (33) serait absurde. Or ce genre d'affirmation est très naturel.

1. G.E. Moore, « Certainty », dans *Philosophical Papers*, Londres, Allen & Unwin, 1959; P. Unger, *Ignorance*, Oxford, Oxford UP, 1975, p. 83-87. Descartes (*Discours de la méthode*, AT VI, 4-5) acceptait peut-être cette thèse.

2. J. Hawthorne, *Knowledge and lotteries*, Oxford, Oxford UP, 2005, p. 160-162.

Tout comme il sera naturel de dire qu'Uri *savait* où se trouve le restaurant, s'il nous y mène au final. Ce genre de cas remet en question l'idée que la connaissance requiert la certitude.

On peut toutefois défendre une idée proche, mais distincte :

Si *S* sait que *p*, alors *S* a le droit d'être certain que *p* [1].

L'idée est que, bien que la connaissance ne garantisse pas qu'on soit libre de doute, elle autorise à ne pas douter. Si vous *savez* que votre bébé est bien attaché, il ne semble pas que vous deviez en douter malgré tout, même si on vous pose la question, et même s'il est extrêmement important qu'il soit attaché. De même, si Uri n'avait aucun doute au sujet du restaurant, on ne le lui aurait pas reproché ; ou inversement, si une telle absence de doute nous paraissait blâmable (si par exemple il est certain en dépit de souvenirs très flous), on serait tenté de dire qu'il ne *savait pas* vraiment. Le reproche et l'absence de reproche dans ces cas peuvent s'expliquer par l'idée qu'Uri a le droit d'être certain dans le premier, mais pas dans le second.

Notez toutefois que le fait qu'on ne puisse pas légitimement reprocher quelque chose à quelqu'un ne signifie pas toujours que ce que cette personne a fait était permis, ni que ce n'était pas quelque chose qu'elle ne devait pas faire. Il y a deux façons d'être exempt de reproche : n'avoir pas fait ce qu'on ne devait pas faire, *ou* être *excusé* de l'avoir fait. Le fait qu'on ne puisse reprocher à Uri d'être certain (s'il sait) pourrait donc en principe aussi s'expliquer par l'idée que la connaissance *excuse* la certitude. Mais cette idée est peu

---

1. A.J. Ayer, *The problem of knowledge*, Londres, Macmillan, 1952, p. 33-35 ; P. Unger, *Ignorance, op. cit.*, p. 98-103.

plausible : si la connaissance ne donne pas droit à la certitude, on voit mal comment elle l'excuserait.

Certains cas semblent contredire l'idée que la connaissance donne le droit d'être certain :

> Voyant une poire dans l'arbre, dans des conditions normales, Victoria sait qu'il y a une poire dans l'arbre. Sur ce William, qui est habituellement digne de confiance, lui assure que c'est une fausse poire en cire qu'il a subtilement fixée à la branche ; il en fournit même des preuves très convaincantes (une facture, une autre poire en cire, etc.). Mais il ment. Victoria a-t-elle le droit d'ignorer les affirmations de William et de rester certaine qu'il y a une poire dans l'arbre ? Il semble que non. Mais nous avons admis qu'elle sait. La connaissance ne donnerait donc pas le droit d'être certain.

On peut toutefois répondre de la façon suivante. La thèse est que *tant qu'elle sait*, Victoria a le droit d'être certaine. Mais lorsque William lui assure qu'il a installé une fausse poire, Victoria *cesse* de savoir qu'il y a une poire sur l'arbre. C'est pourquoi à partir de ce moment-là elle n'a plus le droit d'être certaine. Plus généralement : dire que la connaissance donne le droit d'être certain n'implique pas que la connaissance donne le droit d'ignorer toute raison opposée qu'on viendrait à rencontrer. La connaissance donne le droit d'*être* certain, pas de le *rester*. Si donc une raison opposée nous retire le droit d'être certain, c'est qu'elle nous retire la connaissance.

On pourrait envisager une thèse plus forte : la connaissance non seulement donne le droit d'être certain, mais *exige* de l'être. Après tout, les vérifications anxieuses de celui qui pourtant sait paraissent pathologiques. Et on imagine aisément des situations dans lesquelles le maintien du doute est criminel : sans parler des tentatives récurrentes de « fabrication de doute » dans l'esprit du public de la part de gouvernements, de groupes d'intérêts ou de gens engoncés dans l'erreur, on peut prendre le cas d'un médecin qui se refuse à admettre que son patient est atteint d'une maladie dont les symptômes sont pourtant flagrants[1]. Mais inversement, on peut imaginer des situations dans lesquelles il est bon ou du moins rationnel de maintenir un doute : par exemple, un ingénieur qui a fait des calculs poussés pour construire un réacteur nucléaire ne devrait peut-être pas être certain que le réacteur n'explosera pas (et devrait donc prévoir des mécanismes de sécurité), même si ses calculs sont en fait suffisants pour le mettre en mesure de savoir que le réacteur n'aura pas d'accident. Je laisse toutefois au lecteur le soin d'examiner cette thèse plus avant.

En admettant que la connaissance donne le droit d'être certain, est-ce qu'inversement avoir le droit d'être certain implique qu'on sait ? À première vue, non. Si, par exemple, on a donné à un enfant toutes les raisons de croire que son grand-père est son grand-père biologique, alors que cela est faux, et qu'il n'a pas la moindre raison d'avoir un doute à ce sujet, il semble difficile de soutenir qu'il *n'a pas le droit d'être certain* que son grand-père est son grand-père biologique. Mais il ne le sait pas, puisque c'est en fait faux. Plus généralement, quiconque est victime d'apparences parfaitement trompeuses semble avoir le droit d'être certain de choses qu'il ou elle ne

---

1. L'expression « fabrication du doute » (*manufacturing doubt*) est tirée d'un mémo interne de Philip Morris rendu célèbre pour avoir prouvé que cette société avait délibérément alimenté une fausse controverse scientifique sur l'idée que le tabac était cancérigène. Aujourd'hui, la suspicion à l'égard du vaccin contre la grippe A en France, la remise en question du lien entre virus HIV et SIDA, ou celle du réchauffement planétaire d'origine humaine, sont d'autres exemples possibles de « fabrication du doute », qu'on appelle aussi « dénisme » (*denialism*) en anglais.

sait pas. Donc le fait d'avoir le droit d'être certain n'implique pas qu'on sait. Cette conclusion nous pousse toutefois à rejeter un principe apparemment plausible, à savoir qu'*on doit douter de tout ce qu'on ne sait pas*. Si on acceptait le principe, on devrait dire que l'enfant doit douter du fait que son grand-père soit son grand-père biologique. Mais s'il doit en douter, il n'a pas le droit d'en être certain. Si donc on soutient que l'enfant a le droit d'être certain, on doit rejeter le principe selon lequel on doit douter de tout ce qu'on ne sait pas. Nous reviendrons sur cette question plus bas [1].

La connaissance est le but de l'enquête

On appelle *enquête* toute activité qui vise à trouver la réponse à une ou plusieurs questions. Les enquêtes peuvent être très petites ou très grandes : petites, lorsque vous appelez vos amis pour leur demander s'ils seront libres le lendemain ; grandes, lorsqu'on se demande quelles sont les causes d'une crise économique, d'où viennent les espèces animales, ou s'il y a des vérités morales. Certaines enquêtes ne peuvent pas être menées à terme, tout au moins pour des humains. Toutes les enquêtes ne sont pas bien définies, au sens où la question posée serait claire et non sujette à révision. En philosophie, on s'interroge souvent sur la question posée en même temps qu'on enquête sur la réponse ; et en sciences, les réponses amènent généralement de nouvelles questions. Le fait d'avoir une enquête mal définie n'est d'ailleurs pas forcément un mal ; c'est parfois inévitable. Mais schématiquement, on peut considérer une enquête comme une tentative de trouver la réponse à une question donnée.

1. Voir p. 57.

Mais que veut dire «trouver la réponse» à la question donnée ? Considérez le cas suivant :

> Xavier se demande si sa fille se drogue. Il soupçonne que c'est le cas, mais n'en n'a pas d'indication probante. Il trouve un jour sur son bureau un papier sur lequel est écrit : «Ta fille se drogue». Et, malheureusement, c'est vrai.

Est-ce que, lorsqu'il trouve ce papier, Xavier est arrivé à ses fins, en ce qui concerne la question posée ? Doit-il cesser d'enquêter ? Après tout, il a en un sens «trouvé» une réponse, sur son bureau, et celle-ci est en fait vraie. Mais intuitivement, Xavier n'est pas arrivé à ce qu'il voulait, car il *ne sait pas* que cette réponse est vraie. Même s'il acceptait ce que dit le papier sans le remettre en cause, il est douteux qu'il *saurait* alors que sa fille se drogue : on n'acquiert pas la connaissance sur la base de rumeurs mal intentionnées. Et, pour la même raison, il ne devrait pas arrêter son enquête ici : parce que, en dépit du papier, il ne sait pas encore si sa fille se drogue. Le but de l'enquête n'est donc pas simplement d'*avoir* la vérité, mais de *savoir* la vérité.

De même, il est clair que le but de l'enquête n'est pas d'obtenir une croyance, mais bien une connaissance. Supposez qu'il existe un livre intitulé *Votre enfant se drogue-t-il ? Les six signes qui ne trompent pas*, et que Xavier sache que ce livre a convaincu tous ses amis l'ayant lu que leurs enfants ne se droguaient pas, même si cela était faux. En le lisant à son tour, Xavier acquerrait lui aussi la conviction que sa fille ne se drogue pas. Cela lui permettrait-il d'atteindre le but de son enquête ? Évidemment, non. Au mieux, le livre lui ferait *croire* qu'il l'a atteint, précisément parce qu'il penserait alors savoir que sa fille ne se drogue pas. Mais il ne l'aurait pas réellement atteint, puisqu'il ne connaîtrait en fait pas la réponse à sa question.

La connaissance semble donc être le but de l'enquête. Cette idée se manifeste aussi dans le langage ordinaire, où il est naturel de formuler un enquête en termes de « vouloir savoir » : Xavier *veut savoir* si sa fille se drogue, Darwin *voulait savoir* quelle était l'origine des espèces et les philosophes *veulent savoir* s'il y a des vérités morales [1].

La connaissance est la norme de l'assertion

On nomme habituellement *assertion* ce qu'on fait lorsqu'on donne une réponse à une question. Vous faites une assertion lorsque vous *dites* que, *déclarez* que, *affirmez* que, ou *répondez* que votre chat est en train de dormir, par exemple – et aussi lorsque vous le *niez*. Une assertion est un « acte de langage », c'est-à-dire quelque chose qu'on fait en énonçant des mots : interroger, ordonner, recommander, promettre, et

1. L'idée que la « vérité est la fin de l'enquête » est associée aux pragmatistes. Peirce voulait donner par là une analyse de la vérité : la vérité est « l'opinion sur laquelle il est fatal que les chercheurs finissent par converger » (Ch.S. Peirce, *Pragmatisme et Pragmaticisme*, Paris, Le Cerf, 2002, p. 257). En admettant que le terme d'une enquête réussie est la *connaissance* de la réponse, cela revient à analyser la vérité comme *connaissabilité*. (Si on analyse par ailleurs la connaissance en termes de vérité, les analyses forment un cercle, mais un cercle définitionnel n'est pas forcément vicieux.) De même, on *vérifie* un énoncé si et seulement si on sait qu'il est vrai ; c'est pourquoi le vérificationnisme défendu par R. Carnap, M. Dummett, et peut-être L. Wittgenstein est aussi une analyse de la vérité en termes de connaissabilité. On les nomme ainsi des « théories épistémiques de la vérité ». Sur ces questions voir Cl. Tiercelin, *Peirce et le pragmatisme*, Paris, PUF, 1993 et P. Engel, *La vérité*, Paris, Hatier, 1998.

proposer sont des actes de langage[1]. Les assertions se font typiquement en énonçant une phrase « déclarative »[2].

Plusieurs philosophes défendent l'idée que *la connaissance est la norme de l'assertion*, à savoir que l'*on ne doit asserter que ce que l'on sait*[3]. Supposez par exemple qu'Yves demande à sa collègue Zora si leur supérieure est absente ; Zora répond que oui, et c'est en fait vrai. Mais si Yves découvre par la suite que Zora n'en savait rien et qu'elle a répondu au hasard, il aura l'impression d'avoir été trompé. Cela serait difficile à expliquer si la norme de l'assertion était de n'asserter que ce qui est *vrai* ; mais cela s'explique aisément si on ne doit asserter que ce que l'on sait[4].

En outre, il est naturel de demander à quelqu'un qui affirme quelque chose *comment il le sait*, voire s'il le sait :

1. Voir J.L. Austin, *Quand dire c'est faire* (1962), Paris, Seuil, 1970 ; J. Searle, *Les actes de langage* (1970), Paris, Hermann, 1972 ; J. Moeschler et A. Reboul, *Pragmatique du discours*, Paris, Armand Colin, 1998.

2. On distingue le *mode* des phrases de la *force* des énonciations (actes d'énoncer une phrase). Une phrase peut être au *mode* interrogatif (« Peux-tu soulever ce poids ? »), impératif (« Soulève ce poids »), ou déclaratif (« Tu soulèves ce poids »). La *force* d'une énonciation peut être de questionner, ordonner ou asserter (déclarer), entre autres. La connexion entre mode et force n'est pas automatique : on peut utiliser une question pour asserter ou ordonner, par exemple.

3. Voir P. Unger, *Ignorance*, *op. cit.*, chap. 6 ; K. DeRose, « Knowledge, Assertion, Lotteries », *Australasian Journal of Philosophy*, 74, 1996, p. 568-580 ; T. Williamson, *Knowledge and its limits*, *op. cit.*, chap. XI ; P. Engel, *Va Savoir !*, *op. cit.*, p. 58-59, 72. On peut faire remonter l'idée à J.L. Austin, G.E. Moore, voire au stoïcien Chrysippe.

4. G. Harman contraste les assertions normales avec les jeux de questions/réponses. Dans ces derniers cas, la norme semble bien être seulement de donner la bonne réponse, même si on ne fait que deviner. Voir P. Unger, *Ignorance*, *op. cit.*, p. 267n.

35) Benjamin : – Amélie ne viendra pas au travail aujourd'hui.
Cédric : – Comment est-ce que tu le sais ? / Qu'est-ce que tu en sais ?

Bien que Benjamin n'ait pas affirmé qu'il *savait* qu'Amélie ne viendrait pas, il ne s'en tirerait pas en répondant : « Eh bien, je ne sais pas, je pense juste qu'elle ne viendra pas ». Si c'est tout ce qu'il peut dire, Cédric lui reprochera son assertion. Ce genre de cas pose un problème à l'idée que la *croyance* est la norme de l'assertion : Benjamin affirme ce qu'il croit. Au contraire, la réaction de Cédric est compréhensible si on suppose qu'il attend de Benjamin qu'il ne dise que ce qu'il sait[1].

Enfin, une affirmation comme (34) semble inacceptable :

34) La porte est ouverte, mais je ne sais pas si elle l'est.

Et pourtant, elle n'est pas contradictoire, et peut même être vraie : il se peut très bien que quelqu'un (moi par exemple) ne sache pas que la porte est ouverte alors qu'elle l'est[2]. Mais il est garanti qu'un locuteur affirmant (34) affirme quelque chose qu'il ne sait pas. Soit il sait que la porte est ouverte, et la seconde partie est fausse ; elle n'est donc pas quelque chose qu'il sait. Soit il ne sait pas que la porte est ouverte, et la première partie n'est pas quelque chose qu'il sait. L'idée qu'on ne doit asserter que ce que l'on sait peut ainsi expliquer pourquoi (34) est inacceptable.

1. T. Williamson, *Knowledge and its limits, op. cit.*, p. 252. Notez encore qu'il en va différemment dans un jeu de questions/réponses.
2. G.E. Moore, *Commonplace Book* (1919-1953), Londres, Allen and Unwin, 1962, p. 277, est le premier a avoir noté ce paradoxe. Le « paradoxe de Moore » a d'abord été connu et discuté sous sa forme avec « croire » (comme « il pleut et je ne crois pas qu'il pleut »), parue dans G.E. Moore, « A reply to my critics », dans P.A. Schlipp, *The Philosophy of G.E. Moore*, New York, Tudor Publishing Company, 1942, p. 543.

L'objection flagrante à l'idée que la connaissance est la norme de l'assertion est qu'il n'est pas toujours blâmable de dire quelque chose qu'on ne sait pas. Deux types de cas sont à considérer. Tout d'abord :

> *Les Seringues.* Dans un hôpital, un infirmier reçoit une boite de seringues emballées et marquées « stérilisées » comme à l'habitude, mais elles sont en fait contaminées suite à une erreur de manipulation de l'unité de stérilisation. L'infirmier croit à tort qu'elles sont stérilisées.

Si l'infirmier dit que les seringues sont stérilisées, on ne peut pas lui reprocher de le faire ; et pourtant il violerait la norme de connaissance. À cela on peut répondre qu'il faut distinguer la *conformité* à la norme de la *violation excusable* à la norme[1]. Un automobiliste qui, parce qu'un panneau a été arraché, dépasse une limitation de vitesse sans le savoir, est en violation du code de la route. Mais sa violation est excusable, et on ne peut la lui reprocher, parce qu'il était raisonnable pour lui de croire qu'il ne le violait pas. De même, il était raisonnable pour l'infirmier de croire qu'il savait que les seringues étaient stérilisées, et cela excuse sa violation de la norme de connaissance[2].

Un second type de cas est le suivant :

> *L'Assassin à la porte.* Un assassin frappe à la porte d'Emmanuel et lui demande où se trouve son amie Denise.

---

1. Voir J. Hawthorne et J. Stanley, « Knowledge and Action », *Journal of Philosophy*, 105, 2008, p. 571-590. Voir toutefois R. Pouivet, *Qu'est-ce que croire ?*, Paris, Vrin, 2003, p. 30 pour un diagnostic différent d'un cas analogue.

2. T. Williamson, *Knowledge and its limits, op. cit.*, p. 256, P. Engel, *Va savoir !, op. cit.*, p. 103.

Emmanuel lui répond qu'elle est partie en direction du parc, alors qu'il sait qu'elle se cache chez lui [1].

Il semble difficile non seulement de reprocher à Emmanuel son mensonge, mais même de le considérer comme une *violation* excusable [2]. Il ne semble pas qu'Emmanuel aurait dû dire la vérité, mais que les circonstances l'excusent. Ce cas semble donc être un contre-exemple à la norme de connaissance. On peut toutefois répondre en distinguant les *exceptions* des violations d'une norme. Il est des situations dans lesquelles il ne faut *pas* s'arrêter au rouge. Ces situations ne montrent pas que la vraie norme du code de la route est plus compliquée qu'on ne l'aurait cru (« il faut s'arrêter au rouge à moins qu'on ne soit poursuivi par des assassins ou que etc., etc. »). Elles montrent seulement que la norme du code de la route peut être suspendue par des normes ou intérêts supérieurs. De même, Emmanuel est justifié à violer la norme de l'assertion pour sauver la vie de Denise.

L'idée que la connaissance est la norme de l'assertion fait bon ménage avec celle selon laquelle la connaissance est le but de l'enquête. C'est par une assertion qu'on répond à une question, et donc qu'on termine une enquête. Si la connaissance de la réponse est la seule conclusion satisfaisante de l'enquête, il est naturel que la connaissance soit requise pour faire une assertion.

---

1. C'est le cas que B. Constant a opposé à l'éthique de Kant dans *Les réactions politiques* (1796), http://gallica.bnf.fr/ark:/12148/bpt6k5487344j, p. 74.

2. Kant, « Du prétendu droit de mentir par humanité » (1797), soutient pour sa part que c'est une violation, et que c'est inexcusable.

La connaissance est la norme de la croyance

L'acte de former une croyance, ou *jugement*, est l'analogue mental de l'assertion[1]. Si Fadela *juge* que la route est mauvaise, cela n'implique pas qu'elle le *dise*, mais cela implique qu'elle le *croit*. Tout jugement produit une croyance, mais toute croyance ne requiert pas un jugement : il y a des choses que vous croyez sans les juger maintenant et peut-être sans jamais les avoir jugées, par exemple que les cheveux ne sont pas des plantes[2]. Si donc on ne doit pas *asserter* ce qu'on ne sait pas, il semble naturel qu'on ne doit pas le *croire* non plus. D'où la norme de la connaissance pour la croyance : *on ne doit pas croire ce que l'on ne sait pas.*

On a vu un contre-exemple apparent à la norme de la connaissance pour la croyance : celui de l'enfant à qui on fait croire que son grand-père est son grand-père biologique[3]. La discussion de la norme de l'assertion indique toutefois comment on peut l'accommoder : l'enfant viole la norme, mais on ne peut pas l'en blâmer, parce qu'il est raisonnable pour lui de croire qu'il ne la viole pas. C'est donc une violation excusable comme dans le cas des *Seringues*. Je laisse au lecteur le soin de chercher des cas d'*exception* à la norme analogues à celui de l'*Assassin à la porte*[4].

---

1. B. Russell, *La connaissance humaine*, *op. cit.*, sec. II. 11.B ; T. Williamson, *Knowledge and its limits*, *op. cit.*, p. 238.

2. Le jugement est un *acte* dont le résultat est un *état*, la croyance. Beaucoup formulent la distinction en termes de « croyance occurrente » (pour le jugement) et de « croyance dispositionnelle » (pour une croyance sans jugement).

3. Voir p. 49-50.

4. S'il y a des droits et devoirs de croire ou ne pas croire, il y a une *éthique de la croyance*. L'idée apparaît explicitement avec W.K. Clifford « The Ethics

La connaissance est la norme de l'action

On agit non seulement en fonction de nos buts, mais aussi de certaines suppositions sur le monde : je prends le chemin de droite parce que je veux rentrer chez moi et parce que je pense que le chemin de droite m'y mènera. Concernant ces dernières, l'idée que la connaissance est la norme de l'action dit qu'*on ne doit agir que sur la base de ce que l'on sait.*

Frédérique se dit qu'elle est en assez bonne santé et décide de faire des économies en abandonnant son assurance santé. Il serait naturel pour sa mère de lui reprocher cette décision en lui disant qu'elle *ne sait pas* qu'elle ne tombera pas malade. De même, supposez qu'un conducteur ait reçu l'ordre de passer si, et seulement si, le feu était vert. S'il sait que le feu est vert mais ne passe pas, on le lui reprochera. Mais s'il ne voit pas si le feu est vert et qu'il passe quand même, sur la base d'une simple intuition, on le lui reprochera aussi – et ce même s'il s'avère que le feu était vert – car il ne *savait pas* qu'il l'était [1].

Comme avec la norme de l'assertion, certains contre-exemples apparents peuvent être considérés comme des *violations excusables* de la norme. Ainsi, on peut imaginer une

of Belief» (1879), dans *The Ethics of Belief and other Essays*, Amherst, Prometheus Books, 1999, qui soutenait qu'«on a tort, partout et toujours, de croire quoi que ce soit sur la base de données insuffisantes»; contre quoi W. James a défendu le «droit de croire» dans *La volonté de croire* (1898), Paris, Flammarion, 1916. Dans cette tradition, la norme de la croyance avancée n'est pas qu'on ne doit croire que ce que l'on sait, mais plutôt qu'on ne doit croire que ce qu'on a des *raisons* de croire. Voir R. Feldman, «The Ethics of Belief» (2000), dans E. Conee and R. Feldman, *Evidentialism*, Oxford, Oxford UP, 2004, R. Pouivet, *Qu'est-ce que croire?*, *op. cit.*, p. 10-18 et P. Engel, *Va savoir!*, *op. cit.*, chap. IV.

1. J. Hawthorne and J. Stanley, «Knowledge and Action», art. cit., p. 571-572.

variante des *Seringues* dans laquelle l'infirmier agit sur sa croyance fausse mais raisonnable que les seringues sont stérilisées. On peut aussi envisager la possibilité d'*exceptions* à la norme, sur le modèle de l'*Assassin à la porte*.

On objectera que la norme est paralysante. Si je ne sais pas si la boulangerie est ouverte, mais que je pense qu'il est probable qu'elle le soit, ne puis-je pas agir comme si elle était ouverte ? On peut répondre que dans de tels cas, vous agissez sur la base de la supposition *qu'il est probable* qu'elle est ouverte, plutôt que sur la supposition qu'elle l'est. Et vous pouvez le faire si vous savez qu'*il est probable* qu'elle soit ouverte. De même, supposez que Georges ait reçu un ticket de loterie qui a une chance sur mille de lui faire gagner mille euros. Georges raisonne : le ticket ne sera pas tiré au sort, donc je le jette. Beaucoup diraient qu'il ne devrait pas le jeter. Pourquoi ? Parce qu'il *ne sait pas* que le ticket ne sera pas tiré au sort. Tout ce qu'il sait, c'est qu'il *y a de grandes chances* pour que le ticket ne soit pas tiré au sort. Et cette dernière supposition ne justifie pas de le jeter [1].

La norme de la connaissance pour l'action fait bon ménage avec la norme de connaissance pour la croyance. Comme on l'a dit, croire consiste à tenir quelque chose pour vrai. Et lorsqu'on tient quelque chose pour vrai, cela se manifeste dans nos actions : à savoir, on agit sur la base de ce qu'on tient pour vrai. Ainsi, si on ne doit tenir pour vrai que ce que l'on sait, il est naturel de penser qu'on ne doit agir que sur la base de ce qu'on sait [2].

1. J. Hawthorne, *Knowledge and Lotteries*, *op. cit.*, p. 29.
2. P. Engel, *Va savoir!*, *op. cit.*, p. 102-103.

La connaissance explique la réussite dans l'action

Jusqu'ici, la connaissance paraît avoir un rôle dans un ensemble de *normes* : elle serait ce qu'on *doit* avoir pour asserter, croire et agir. Cela présente la connaissance comme un standard à l'aune duquel évaluer les assertions, croyances et actions. Nous passons maintenant à une thèse d'un genre différent : la connaissance *explique* la réussite dans l'action [1].

Nous invoquons ordinairement la connaissance pour expliquer des actions réussies :

> 35) Hélène a pu trouver le diamant parce qu'elle savait qu'il était dans le coffre.

(35) présente la connaissance comme l'une des causes qui expliquent la réussite d'Hélène. De nombreux philosophes objecteront toutefois que cette explication se décompose au fond en deux parties.

D'une part, on explique les actions d'Hélène par le simple fait qu'elle *croyait* que le diamant était dans le coffre (et son désir de l'avoir). Que sa croyance ait été une connaissance ou non, ses actions auraient été les mêmes ; et au final, ce qui la fait agir, c'est ce qui se passe dans sa tête, c'est-à-dire ce qu'elle croit. D'autre part, on explique sa réussite par le fait

---

1. T. Williamson, *Knowledge and its limits, op. cit.*, sections 2.4 et 3.4. Williamson va plus loin : dans le modèle classique d'explication de l'action (voir D. Davidson, *Essais sur les Actions et les Événements* (1984), Paris, PUF, 1993), toute action est considérée comme le produit de *croyances* et de désirs. Williamson soutient que là où les croyances en question sont des connaissances, il est pertinent de considérer les actions correspondantes comme produites par la connaissance (conjointement avec les désirs). La connaissance pourrait donc non seulement expliquer la réussite dans l'action, mais aussi l'action elle-même.

que sa croyance était de fait vraie : le diamant était bien dans le coffre. Qu'elle l'ait vraiment su ou que sa croyance ait été vraie par coïncidence, son action aurait réussi tout autant. La croyance d'Hélène et la vérité de celle-ci suffisent à expliquer sa réussite ; la connaissance elle-même ne joue aucun rôle [1].

Les défenseurs de l'efficacité causale de la connaissance répondront toutefois par l'analogie suivante. Igor et Julia se retrouvent à 13h au café où ils se sont donné rendez-vous. En un sens, il a suffi pour qu'il se retrouvent qu'Igor se rende au café à 13h, d'une part, et que Julia se rende au café à 13h, d'autre part. Mais cette « explication » manque un aspect crucial de la situation. Ce n'était pas une coïncidence du tout qu'Igor et Julia arrivent au café à la *même* heure : ils s'étaient donné rendez-vous. Ainsi, bien que le fait qu'Igor arrive à 13h et que Julia arrive à 13h aussi suffise pour qu'ils se rencontrent, ce n'est pas une explication appropriée de leur rencontre : ce serait une explication appropriée s'ils s'étaient rencontrés par hasard. La bonne explication est qu'ils se rencontrent parce qu'ils se sont donné rendez-vous, ou pour le dire autrement, parce qu'ils ont synchronisé leurs actions. De même, lorsqu'Hélène *sait* que le diamant est dans le coffre, ce n'est pas une coïncidence du tout qu'elle ait une croyance vraie à ce sujet : sa croyance est pour ainsi dire « synchronisée » avec la localisation du diamant [2]. En « expliquant » sa réussite par sa croyance et la vérité de celle-ci, on manque un aspect crucial de la situation [3]. La connaissance serait donc une part irréductible de l'explication de sa réussite ; autrement dit : *savoir c'est pouvoir.*

---

1. Cette conception apparaît dans le *Ménon* de Platon (97a-98a).
2. Voir le texte de P. Unger ici même, p. 73-74.
3. Voir T. Williamson, *Knowledge and its limits*, *op. cit.*, section 2.4.

La connaissance a de la valeur

Selon Aristote, «tout homme désire naturellement savoir»[1]. Si c'est vrai, nous tenons la connaissance pour une bonne chose. À première vue, elle semble l'être; mais si on y réfléchit un peu, on trouve aisément des contre-exemples :

> *Connaissances sans intérêt.* Il n'y aurait rien de bon à savoir le nombre exact de brins d'herbe dans mon jardin[2].
>
> *Connaissances accaparantes.* Il n'est pas bon d'apprendre la généalogie complète des grandes familles de France si cela se fait au dépens d'activités préférables ou d'autres connaissances.
>
> *Connaissances mauvaises.* Il semble mauvais d'acquérir des connaissances qui font souffrir inutilement ou qui causent des actes immoraux. Par exemple, il peut être mauvais que l'enfant apprenne que son grand-père n'est pas son grand-père biologique, ou que l'assassin sache où votre ami se trouve[3].

Les cas des connaissances accaparantes et mauvaises peuvent toutefois être expliqués en distinguant la valeur *toutes choses égales par ailleurs* d'une chose de sa valeur *tout bien considéré*[4]. En soi, ou toutes choses égales par ailleurs, c'était une bonne chose que je rende visite à ma tante aujourd'hui. Mais si ne pas y aller m'aurait permis d'éviter que mon fils se blesse en essayant de cuisiner, alors c'était tout bien considéré, ou globalement, une mauvaise chose. Les exemples ci-dessus

1. *Métaphysique*, A, 1.

2. Kvanvig, «Pointless truth», *Midwest Studies in Philosophy*, vol. 32, 2008, p. 199-212.

3. Voir les exemples p. 49 et 55.

4. Voir W.D. Ross, *The Right and the Good* (1930), Oxford, Oxford UP, 2002, p. 138-139. On parle aussi de valeur «*prima facie*» ou «*pro tanto*» pour ce que j'appelle la valeur «toutes choses égales par ailleurs».

suggèrent donc qu'on doit préciser que la connaissance est une bonne chose *toutes choses égales par ailleurs*. Concernant les connaissances sans intérêt, on pourrait soit soutenir pareillement qu'elles sont bonnes toutes choses égales par ailleurs (mais globalement mauvaises parce qu'elles sont une perte de temps), soit conditionner la valeur de la connaissance à l'importance des faits en question : savoir que bla-bla est une bonne chose *si* le fait que bla-bla est un fait important (en un sens qui reste à préciser). On ne tranchera pas ici.

Moyennant ces qualifications, la thèse que *la connaissance a de la valeur* est plausible, et largement acceptée[1]. Elle s'accorde avec l'idée que la connaissance est la norme de l'assertion, de la croyance et de l'action : si la connaissance est ce qu'on doit avoir pour asserter, croire et agir, alors il est bon de l'avoir, dans la mesure où nous assertons, croyons et agissons.

La question est plutôt de savoir pourquoi elle a de la valeur ; et corrélativement, pourquoi elle est ce qu'on doit avoir pour asserter, croire et agir. À première vue, la réponse est simple : savoir quelque chose implique qu'on a une croyance vraie à ce propos, et avoir une croyance vraie est une bonne chose (toutes choses égales par ailleurs). Par exemple, si ma croyance que mes clés sont dans le tiroir est vraie, cela me permet de les retrouver. Mais précisément, cette réponse pose un problème, soulevé par Platon. Si les connaissances ne sont bonnes que parce qu'elles impliquent la vérité, alors elles ne sont pas meilleures que les croyances vraies qui ne sont *pas* des connaissances, et la *croyance vraie* pourrait aussi bien être

---

1. Voir D. Pritchard, « Recent Work on Epistemic Value », *American Philosophical Quarterly*, 44 : 2, 2007, p. 85-110 ; P. Engel, *Va savoir!*, *op. cit.*, p. 125-129 et 147-154 ; R. Pouivet, *Qu'est-ce que croire ?*, *op. cit.*, p. 62-67.

la norme de l'assertion, de la croyance et de l'action[1]. Or intuitivement, les connaissances *sont* meilleures que les croyances vraies qui n'en sont pas : il est mieux de *savoir* qu'il pleut à Londres que d'avoir par coïncidence une croyance vraie à ce sujet. Et intuitivement aussi, comme on l'a vu, on ne doit pas asserter ou agir sur la base de simple croyances vraies. Il faut donc expliquer le fait (si c'en est un) que la connaissance ait une valeur supérieure à celle de la simple croyance vraie[2].

Plusieurs voies de réponse existent. L'une serait de soutenir que la connaissance est plus *utile*, dans la mesure où elle explique mieux la réussite dans l'action que la simple croyance vraie[3]. Une autre est de dire que la connaissance reflète la valeur *du sujet lui-même*, de ses capacités ou « vertus » intellectuelles[4]. Une idée proche est que la connaissance est une croyance vraie qui est *au crédit du sujet*, tout comme gagner une compétition sportive est au crédit du vainqueur, tandis que gagner une loterie ne l'est pas[5]. Une approche radicalement différente renverse l'ordre d'explication : c'est *parce*

---

1. Platon, *Ménon*, 97a-98a.
2. Cette question a pris le nom de « problème du Ménon » dans la littérature récente.
3. T. Williamson, *Knowledge and its limits*, *op. cit.*, section 2.4.
4. Cette valeur peut être entendue de façon très diverse : de la fiabilité du sujet à trouver la vérité, chez A. Goldman and E. Olsson, « Reliabilism and the Value of Knowledge », dans D. Pritchard, A. Millar and A. Haddock (eds.), *Epistemic Value*, Oxford, Oxford UP, 2008, à l'amour de la vérité chez L. Zagzebski, « Les vertus épistémiques », dans J. Dutant et P. Engel (dir.), *Philosophie de la connaissance*, *op. cit.*, p. 395-419.
5. J. Greco, « Knowledge as Credit for True Belief », dans M. Depaul (ed.), *Intellectual Virtue*, Oxford, Oxford UP, 2003. J. Greco et L. Zagzebski défendent chacun une « épistémologie de la vertu » ; voir R. Pouivet, *Qu'est-ce que croire ?*, *op. cit.*, p. 31-41, et plus bas p. 119, note 1.

que nous approuvons certaines croyances que nous les quali-
fions de connaissances, et non l'inverse[1]. Enfin, on peut nier
que la connaissance ait la valeur spéciale qu'elle semble
avoir[2]. Le débat reste ouvert.

CONCLUSION

Nous avons tenté de mettre au jour un ensemble d'idées qui
constituent la conception ordinaire de la connaissance. Selon
celles-ci, la connaissance est une chose ordinaire qui n'est pas
réservée aux écoles et aux universités, même si ces dernières
en diffusent et élaborent une part importante. Elle ne s'identifie pas avec la science, non pas parce qu'il existerait des
connaissances spéciales qui seraient supra-scientifiques, mais
simplement parce que les connaissances les plus ordinaires ne
requièrent, pour ainsi dire, que des yeux pour voir et des oreilles
pour entendre. La connaissance des faits requiert la croyance
et la vérité, mais ne s'y réduit pas. Elle ne s'identifie pas avec
les « connaissances » au sens souvent utilisé en sociologie, qui
englobe tout ce qui est tenu pour connaissance, y compris ce
qui ne l'est pas. La connaissance permet d'écarter les faux
espoirs et les fausses craintes, et elle donne le droit d'être
certain. On ne devrait affirmer, croire, et prendre comme
raison d'agir, que ce que l'on sait, mais on ne peut parfois pas

1. C'est l'analogue de l'*expressivisme* en éthique. Voir H. Field, « Epistemology without metaphysics », *Philosophical Studies*, 143, 2009, p. 249-290.
2. J. Kvanvig, *The Value of Knowledge and the Pursuit of Understanding*,
Cambridge, Cambridge UP, 2003, soutient que la connaissance n'est pas
meilleure que la croyance vraie justifiée, et met en avant au contraire la valeur
de la *compréhension*.

nous reprocher de ne pas le faire. Enfin, la connaissance explique la réussite dans l'action, et elle est un bien.

Au contraire des théories avancées par Russell et Unger, et de celles qu'on discutera dans la seconde partie, ces thèses ne nous disent pas en quoi la connaissance consiste, si ce n'est qu'elle requiert la croyance et la vérité. Mais elle nous disent peut-être mieux que toute théorie particulière ce qu'est la connaissance, en nous permettant d'en identifier des cas exemplaires, en en donnant deux traits essentiels, et en élucidant le rôle qu'elle occupe. La connaissance est ainsi située par rapport à un ensemble d'exemples et dans un réseau d'autres notions telles que la possibilité, la certitude, l'action, l'assertion, la croyance et la vérité. Ces relations contraignent en retour les théories de la connaissance. Si par exemple une certaine théorie ne permet pas de penser que la connaissance soit la norme de l'action, on doit ou bien la rejeter, ou bien réviser l'idée que la connaissance joue ce rôle ; et une théorie qui rejetterait une trop grande part de la conception ordinaire ne pourrait pas être considérée comme une théorie de la *connaissance*. L'élucidation de la conception ordinaire nous donne ainsi une prise stable sur la notion de connaissance à partir de laquelle examiner les théories contemporaines.

TEXTES ET COMMENTAIRE

TEXTE 1

BERTRAND RUSSELL
La connaissance humaine, II, § 10 *

J'en viens à présent à la définition de « connaissance ».
Comme dans les cas de « croyance » et de « vérité », il y a un
certain vague et une certaine inexactitude inévitables dans ce
concept. Le fait de ne pas s'en être rendu compte a conduit,
me semble-t-il, à d'importantes erreurs dans la théorie de la
connaissance. Néanmoins, il est bon d'être aussi précis que
possible sur l'inévitable défaut de précision dans la définition
que nous recherchons.

Il est clair que la connaissance est une sous-classe des
croyances vraies : tout cas de connaissance est un cas de
croyance vraie, mais pas l'inverse. Il est très facile de donner
des exemples de croyances vraies qui ne sont pas des connaissances. Il y a l'homme qui regarde une horloge arrêtée, croyant

* B. Russell, *Human knowledge, its scope and its limits*, Londres, Allen &
Unwin, 1948, trad. fr. *La connaissance humaine, sa portée et ses limites*, Paris,
Vrin, 2002, II, § 10, p. 191-193.

qu'elle marche, et qui se trouve la regarder au moment où l'heure qu'elle indique est la bonne; cet homme acquiert une croyance vraie au sujet de l'heure qu'il est, mais on ne peut dire qu'il en ait connaissance. Il y a l'homme qui croit, à juste titre, que le nom de famille du Premier Ministre en 1906 commence par un B, mais qui croit cela parce qu'il pense que Balfour était alors le Premier Ministre, alors que c'était en fait Campbell Bannerman. Il y a l'optimiste chanceux qui, ayant acheté un ticket de loterie, a la conviction inébranlable qu'il gagnera et qui, ayant de la chance, gagne. De tels exemples, qu'on peut multiplier à l'infini, montrent qu'on ne peut prétendre savoir simplement parce qu'on s'est avéré avoir raison.

Quel caractère, outre la vérité, une croyance doit-elle avoir pour compter comme connaissance? L'homme ordinaire dirait qu'il doit y avoir une évidence solide en sa faveur. En matière de sens commun, cela est vrai dans la plupart des cas dans lesquels on a en pratique un doute, mais comme réponse complète à la question, c'est très inadéquat. L'«évidence» consiste en, d'un côté, certains faits qu'on accepte comme indubitables, et, de l'autre côté, certains principes au moyen desquels on tire des inférences à partir de ces faits. Il est évident que cette procédure est insatisfaisante si ces faits et principes d'inférence ne sont pas connus autrement que par l'évidence, sans quoi on est pris dans un cercle vicieux ou une régression à l'infini. Il faut donc concentrer notre attention sur ces faits et les principes d'inférence. On peut ainsi dire que ce qui est connu consiste en, premièrement, certains faits et certains principes d'inférence, dont aucun ne requiert d'évidence extrinsèque, et secondement, en tout ce qui peut être affirmé en appliquant ces principes d'inférence à ces faits.

Traditionnellement, les faits en question sont ceux qui sont donnés à travers la perception et la mémoire, tandis que les principes d'inférence sont ceux de la logique déductive et inductive.

Cette doctrine traditionnelle est insatisfaisante sous plusieurs aspects, bien que je doute qu'au final on puisse lui substituer quoi que ce soit de significativement meilleur. En premier lieu, la doctrine ne donne pas de définition intensionnelle de «connaissance», ou en tout cas pas une définition *purement* intensionnelle; on ne voit pas bien ce qu'il y a en commun entre les faits de la perception et les principes d'inférence. En second lieu, comme on le verra dans la partie III, il est très difficile de dire ce que sont les faits de la perception. En troisième lieu, la déduction s'est avérée bien moins puissante qu'on ne le pensait; elle ne donne pas de nouvelles connaissances, à l'exception de nouvelles formes de mots pour énoncer des vérités qui était d'une certaine façon déjà connues. En quatrième lieu, les méthodes d'inférence que l'on peut nommer «inductives» en un sens large n'ont jamais été formulées de façon satisfaisante; lorsqu'on les formule, même entièrement vraies, elles ne confèrent que de la probabilité à leurs conclusions; et qui plus est, dans quelque forme précise qu'on puisse leur donner, elles manquent d'évidence intrinsèque, et on ne doit y croire, si on y croit, que parce qu'elles semblent indispensables pour atteindre des conclusions que nous acceptons tous.

Il y a, pour le dire à grands traits, trois voies qui ont été proposées pour résoudre les difficultés qu'on rencontre pour définir la «connaissance». La première, et la plus ancienne, est de mettre l'accent sur le concept d'«évidence». La seconde est d'abolir la distinction entre prémisses et conclusions, et de dire que la connaissance est constituée par la cohérence de tout un corpus de croyances. La troisième, et la plus drastique, est d'abandonner tout à fait le concept de « connaissance » et de lui substituer celui de « croyances qui promeuvent le succès » – et « succès » peut ici être éventuellement interprété ici en un sens biologique. On peut prendre Descartes, Hegel et Dewey comme représentant chacun l'un de ces trois point de vue.

TEXTE 2

PETER UNGER
Une définition de la connaissance factuelle[*]

Mon intention est de fournir une analyse de la connaissance factuelle humaine, en d'autres termes, une analyse de ce que c'est pour un homme de savoir que quelque chose est le cas. J'essaie de saisir la conception de la connaissance factuelle humaine que les humains ordinaires bien informés emploient de fait lorsqu'ils font des jugements de sens commun concernant la présence ou l'absence de connaissance. Mon analyse s'écarte radicalement de toutes les analyses offertes antérieurement et ne s'en portera, je pense, que mieux.

1. *La présence de connaissance et l'absence d'accident*

[…] J'affirme comme une analyse unifiée et univoque de la connaissance factuelle humaine :

[*] P. Unger, « An analysis of factual knowledge », *Journal of Philosophy*, 1968, vol. 65, p. 157-170; réimp. dans P. Unger, *Philosophical papers*, vol. I, Oxford, Oxford UP, 2006, p. 22-36.

1) Pour toute valeur de phrase de *p*, (à un instant *t*) un homme sait que *p* si et seulement si (à *t*) il n'est pas du tout accidentel que cet homme soit dans le vrai à propos de ce que *p* soit le cas.

Pour parler le plus clairement et correctement possible, toute analyse adéquate de la connaissance doit inclure explicitement une référence à des instants spécifiques. Il peut être au moins partiellement accidentel à un certain instant qu'un homme soit dans le vrai à un certain propos, bien qu'en un autre instant il ne soit plus du tout accidentel qu'il soit dans le vrai à ce sujet. Ainsi, un homme peut croire qu'il y a un rosier sur ses vastes terres uniquement parce qu'un servant le lui a dit et l'en a convaincu. Le servant n'avait pas connaissance de l'existence du moindre rosier et n'en a convaincu l'homme que pour son propre amusement, pensant, en effet, qu'il avait fait croire à son employeur quelque chose de faux. Cependant, à l'insu du servant, il y avait un rosier dans une partie reculée du domaine. Un jour l'homme se rendra peut-être dans cette partie du domaine. On peut supposer qu'il voie le rosier. Avant qu'il voie le rosier, il est entièrement accidentel que le propriétaire soit dans le vrai au sujet de l'existence d'un rosier sur sa propriété ; quand il voit le rosier, il devient pour la première fois le cas qu'il n'est pas accidentel du tout qu'il soit dans le vrai à ce sujet. C'est alors que l'homme sait pour la première fois que ses terres ont ce bonheur. [...]

Il est donc essentiel que nous pensions à un homme comme sachant quelque chose *à un certain instant* et que nous disions qu'à cet instant-là il n'est pas du tout accidentel qu'il soit dans le vrai. Cette précision fermement ancrée dans notre esprit, nous n'aurons pas besoin de faire toujours référence aux instants dans la suite de la discussion, et, pour rendre les choses plus faciles, nous omettrons souvent de le faire.

2. Accidents non pertinents

Ce qu'on peut proprement considérer comme un accident, ou comme accidentel, semble en réalité dépendre de nos divers intérêts, ainsi que d'une variété d'autres choses. Ainsi, même dans l'univers le plus physiquement déterministe imaginable, des accidents d'automobile peuvent se produire, et il peut être largement accidentel qu'un homme, plutôt qu'un autre, soit couronné de succès dans un secteur d'affaires compétitif. Fournir une analyse de quand quelque chose est un accident, ou est en quelque façon accidentel, est au-delà de ce que je suis (maintenant) capable de faire. Je ne suis pas en mesure de montrer avec suffisamment de détail comment notre notion d'accident ou de ce que quelque chose soit accidentel peut être utilisée pour exprimer ou refléter les divers intérêts que nous pouvons avoir. Je m'appuierai ainsi sur une compréhension partagée et intuitive de ces notions.

Dans mon analyse de la connaissance factuelle humaine, on affirme l'absence complète d'accident, non pas en ce qui concerne l'occurrence ou l'existence du fait connu, ni en ce qui concerne l'existence ou les capacités de l'homme qui sait, mais seulement en ce qui concerne une certaine relation entre l'homme et le fait. Ainsi, il se peut qu'il soit accidentel que p et qu'un homme sache que p, car il se peut qu'il ne soit néanmoins pas du tout accidentel que l'homme soit dans le vrai au sujet de ce que p soit le cas. Dit autrement, un homme peut savoir qu'un accident d'automobile a eu lieu : lorsque la voiture heurte accidentellement le camion, un témoin qui observe ce qui se passe peut bien savoir que la voiture a heurté le camion et qu'elle l'a heurté accidentellement. Il le saura précisément s'il n'est pas du tout accidentel qu'il soit dans le vrai au sujet de ce que la voiture a heurté le camion et qu'elle l'a fait accidentellement. Je n'affirme pas non plus qu'il ne doive y avoir rien d'accidentel dans la façon dont l'homme en est venu à savoir que p. Ainsi, un homme peut entendre son employeur dire qu'il sera mis à la porte et il peut l'entendre entièrement par accident, n'ayant pas l'intention d'être près du bureau de son employeur ni d'obtenir quelque information de la part de son employeur. Bien que ce puisse être un accident que l'homme en soit venu à savoir qu'il allait être mis à la porte, et que ce puisse être en partie accidentel qu'il sache que ce soit le cas, néanmoins, à partir du moment où il l'a entendu, il peut bien n'être pas accidentel du tout que l'homme soit dans le vrai au sujet de ce qu'il serait mis à la porte. Ainsi, il peut savoir, que ce soit par accident ou non.

De toutes les choses qu'un homme sait, nulle n'est plus certainement sue de lui que le fait de sa propre existence. Ainsi, il doit être parfaitement évident qu'un homme qui, à un certain instant, existe ou est en vie seulement suite à quelque accident peut, à cet instant même, savoir des choses à propos de diverses questions de fait; il peut très certainement, par exemple, savoir qu'il existe. Bien qu'il puisse largement être accidentel qu'il existe ou qu'il soit en vie, il peut n'être pas du tout accidentel qu'il soit dans le vrai au sujet de certaines questions de fait; (en fait, nécessairement, s'il se trouvait tenir sincèrement pour vrai qu'il existât, il ne serait pas accidentel du tout qu'il soit dans le vrai à ce sujet). Ces points peuvent peut-être être rendus plus clairs en examinant cette simple petite histoire : supposez qu'un homme regarde une tortue et même qu'il voie la tortue se déplacer sur le sol. Cet homme peut savoir que la tortue se déplace sur le sol (et ce sera le cas en ce qu'il la voit); car parce qu'il utilise ses yeux (et du fait d'autres choses aussi), il se peut qu'à ce moment-là ce ne soit pas du tout accidentel que l'homme soit dans le vrai au sujet de ce que la tortue se déplace sur le sol. Pourtant, supposez en outre qu'à ce moment précis, ou un instant plus tôt, un lourd rocher se serait abattu sur l'homme et l'aurait tué sur le champ, le réduisant en morceaux, si ne s'était produit un événement accidentel qui empêcha le rocher de tomber et permit à l'homme de rester en vie. Disons, par exemple, que chacun des trois hommes redoutables qui étaient en train de pousser le rocher sur le point de tomber furent eux-mêmes frappés sur la tête, simultanément et par coïncidence, par les chutes indépendantes de trois briques, et qu'ils furent tués sur le coup. Entièrement indépendamment les unes des autres, les trois briques se trouvent être tombées d'un vieux mur dont elles faisaient partie. Ainsi, entièrement par accident, les trois redoutables pousseurs de rocher ont été tués, et la vie de l'observateur de tortue épargnée, du moins pour quelque temps. Ces suppositions admises, il est en effet entièrement accidentel que l'observateur de tortue soit vivant au moment où il observe la tortue se déplacer sur le sol devant lui. Pourtant, à cet instant-là, il n'est pas du tout accidentel que l'homme soit dans le vrai au sujet de ce qu'il y a une tortue sur le sol. Et à cet instant-là, comme on l'a supposé, l'observateur de tortue sait qu'il y a une tortue qui se déplace sur le sol à cet endroit. Ce sont là les jugements que le sens commun et le bon sens porteraient sur notre cas. Ainsi, il peut n'être pas du tout accidentel qu'un homme soit dans le vrai sur un certain point, même si c'est fort bien un accident qu'il existe ou soit alors en vie. Cela étant clarifié, nous pouvons mieux apprécier la capacité de mon analyse à expliquer la force de conviction des exemples cartésiens. Aussi accidentel soit-il qu'un certain homme existe, il est néanmoins nécessaire que s'il pense qu'il existe, il n'est pas du tout accidentel qu'il soit dans le vrai à ce sujet. Un enfant non désiré et accidentel, poursuivi toute sa vie par des pousseurs de rochers sans foi ni loi, peut finir par en savoir plus que ses frères et sœurs. Cela est possible même d'après mon analyse de la connaissance factuelle humaine, qu'il se prenne pour un sceptique cartésien ou qu'il n'éprouve pas le moindre intérêt pour ces profondeurs philosophiques.

COMMENTAIRE

Dans la première partie, nous avons cerné la connaissance à travers des exemples, son rôle normatif et explicatif, et sa valeur. Mais nous n'avons pas dit en quoi elle consistait, si ce n'est qu'elle requérait qu'on ait une croyance vraie, mais que cela ne suffisait pas. Nous examinons maintenant les théories de ce en quoi la connaissance consiste. Elles peuvent être rangées en trois groupes :

1) Le fondationnalisme classique ou, comme je préfère l'appeler, l'*Ur-fondationnalisme*. C'est la conception traditionnelle de la connaissance, qu'on retrouve sous une forme ou sous une autre d'Aristote à Edmund Husserl et Rudolf Carnap en passant par Descartes, Hume et Kant, et dont le texte de Russell donne une formulation particulièrement claire. Le *problème de l'induction* de Hume montre qu'elle mène à un scepticisme radical, ce pour quoi elle est largement abandonnée aujourd'hui.

2) *L'internalisme contemporain*, dont Roderick M. Chisholm et Keith Lehrer sont parmi les principaux représentants [1]. Le

---

1. Mais aussi L. BonJour, E. Conee et R. Feldman.

problème de Gettier et le *problème de la loterie* montrent qu'il ne peut expliquer adéquatement ce qu'est la connaissance.

3) *L'externalisme contemporain*, dont le texte de Peter Unger est l'une des premières formulations, et qui est notamment défendu par Alvin Goldman, Ernest Sosa, et Timothy Williamson[1]. Le *problème de la circularité épistémique* montre qu'il ne peut pas *réfuter* un sceptique.

Une présentation neutre du débat contemporain ne me semble ni possible ni désirable. La mienne ne le sera pas : je pense que l'Ur-fondationnalisme et l'internalisme ne peuvent surmonter leurs difficultés, mais que l'externalisme est sur la bonne voie. Qui plus est, bien qu'il soit usuel de présenter le débat contemporain sous la forme d'une opposition entre « internalisme » et « externalisme »[2], tout le monde ne s'accordera pas sur ma façon de les délimiter. Enfin, je laisse de côté des positions alternatives comme celles inspirées de Wittgenstein, dont je pense qu'elles sont ou bien de simples variantes de l'Ur-fondationnalisme, ou bien des tentatives non convaincantes de montrer que le problème l'induction ne se pose pas[3]. Ces parti-pris ne m'empêcheront toutefois pas de présenter fidèlement les positions abordées, et j'espère que la

---

1. Mais aussi F. Dretske, R. Nozick et D. Lewis.

2. Voir la collection éditée par H. Kornblith, *Internalism and externalism in epistemology*, Oxford, Blackwell, 2001.

3. Le *De la Certitude* de L. Wittgenstein est un cahier de notes publié de façon posthume, qui discute notamment la « Preuve qu'il y a un monde extérieur » de G.E. Moore (dans J. Dutant et P. Engel (dir.), *Philosophie de la connaissance*, *op. cit.*, p. 345-351). Il a suscité un intérêt accru depuis une vingtaine d'années, mais le nombre d'interprétations divergentes qui en sont proposées est déroutant. Voir D. Moyal-Sharrock and W.H. Brenner, *Readings of Wittgenstein's On Certainty*, Londres, Palgrave Macmillan, 2005.

perspective tranchée que j'avance servira de repère au lecteur dans le débat contemporain, qu'il l'adopte ou la rejette au final.

L'*UR-FONDATIONNALISME* ET LE PROBLÈME DE L'INDUCTION

La connaissance humaine (1948) est le dernier livre important de Bertrand Russell. Il cherche à y donner une vue d'ensemble de ce qu'il nous est possible de connaître, notamment par les sciences, et il s'y confronte aux défis sceptiques de David Hume. Le projet se rapproche en cela de la *Critique de la Raison Pure* de Kant, et en fait, de la plupart des autres grandes philosophies de la connaissance de l'après-Hume, comme on le verra.

C'est dans ce contexte que Russell se penche sur le terme de « connaissance » lui-même, dont il note à juste titre qu'il « est trop souvent traité comme si sa signification était évidente »[1]. Il en donne une définition qui relève d'une conception de la connaissance qu'on retrouve, sous diverses variantes, chez la quasi-totalité des philosophes qui l'ont précédé, souvent de façon implicite. C'est en un sens la conception « originelle » de la connaissance, et comme c'est un fondationnalisme, je l'appelle l'« *Ur-fondationnalisme* » (du préfixe allemand « *Ur-* » : l'origine, la source). L'intérêt de ce texte est de présenter cette conception de façon particulièrement explicite et d'en tracer l'origine dans la pratique ordinaire de donner des raisons, d'une part, et dans le problème du « trilemme d'Agrippa », d'autre part.

---

1. B. Russell, *La connaissance humaine*, *op. cit.*, VI, 1.

La pratique ordinaire de donner des raisons

Russell reprend la question de la définition de la connaissance là où nous l'avons laissée : la connaissance requiert la croyance vraie, mais ne s'y réduit pas[1]. Il avance une idée, qu'il présente comme celle de l'« homme ordinaire » :

> (ES) Une connaissance est une croyance vraie à l'appui de laquelle il y a une évidence solide.

Cet usage du mot « évidence » n'est certes pas ordinaire en français, mais le terme anglais d'« *evidence* » que nous rendons ainsi est d'usage courant : par exemple, les indices récoltés par des enquêteurs, les preuves matérielles et les témoignages avancés au tribunal, ou encore les données scientifiques sont nommés « *evidence* ». En français, une expression courante proche est celle de « raisons » : la connaissance requiert qu'on ait une *raison solide* pour ce que l'on croit. Si par exemple j'ai réglé ma montre il y a peu et qu'elle affiche 15h30, on dira que cela me donne une raison solide de penser qu'il est 15h30, et cela suffit habituellement pour que je sache qu'il est 15h30.

Russell écrit que (ES) est « vraie dans la plupart des cas dans lesquels on a en pratique un doute ». À strictement parler, cela n'a pas de sens. (ES) dit que *toute* connaissance est une croyance vraie pour laquelle il y a une raison solide, et inversement. S'il y a des exceptions, (ES) est tout simplement fausse. Ce que Russell veut dire par là, c'est plutôt que dans les cas en question, le fait qu'il y a une raison solide est une *indication suffisante* du fait que c'est une connaissance. Et en effet, c'est ce qu'un certain nombre de pratiques ordinaires semblent supposer : que ce soit à l'école, au tribunal, ou dans la vie

---

1. Voir *supra*, p. 23-27.

ordinaire, pour établir si quelqu'un sait que quelque chose est le cas, on examine les raisons qu'il a de le croire. La dialectique de Socrate et de Platon s'inscrit dans le prolongement de ces pratiques.

Pour naturelle qu'elle puisse paraître, (ES) soulève toutefois trois questions. Qu'est-ce qu'une « évidence » ou « raison »? À quelle condition une raison est-elle « à l'appui » d'une croyance donnée? À quelles conditions « y a-t-il » une raison? Admettons que je sache qu'il est 15h30 parce que ma montre affiche qu'il est 15h30. De toute évidence, le simple *fait* que ma montre affiche 15h30 ne suffit pas pour je sache qu'il est 15h30; encore faut-il que je me rende compte qu'elle affiche 15h30. Il en résulte deux notions de « raison », associées respectivement à Derek Parfit et Donald Davidson :

> 1) *Notion réaliste de « raison »* (Parfit). Le *fait* que la montre affiche 15h30 est lui-même la raison. Mais ma croyance qu'il est 15h30 ne saurait être fondée sur cette raison que si elle est fondée sur ma connaissance de (ou ma croyance en) ce fait. Autrement dit : la raison est *le fait lui-même*, mais ne devient la raison *de quelqu'un* que lorsqu'elle est connue (ou crue) [1].
>
> 2) *Notion mentaliste de « raison »* (Davidson). La raison est ma *connaissance* que la montre affiche 15h30 (ou ma *croyance* que c'est le cas). Ma connaissance qu'il est 15h30 est fondée sur cette raison en étant fondée sur la connaissance ou la croyance en question. Autrement dit, toute raison est une connaissance ou une croyance de quelqu'un [2].

---

1. D. Parfit, « Reasons and motivation », *Proceedings of the Aristotelian Society*, Suppl. vol. 71, 1997, p. 99-130. Si on veut une notion de raison qui n'implique pas la vérité, il faut dire que la *proposition* (plutôt que le fait) est la raison.

2. D. Davidson, *Essais sur les actions et les événements*, *op. cit.* Pour Davidson, les raisons sont uniquement des croyances, pas des connaissances.

La distinction entre les notions réaliste et mentaliste de
« raison » est souvent présentée en termes de « raisons objec-
tives » et « raisons subjectives ». Cette terminologie me semble
obscurcir les notions, parce qu'elle présente comme deux
types de raisons ce qui est au fond une distinction entre le fait et
la connaissance qu'on en a. Pour notre propos, il importe peu
que nous adoptions l'une ou l'autre notion. Dans les deux cas,
on admet que ma croyance qu'il est 15h30 doit être fondée sur
ma connaissance que la montre affiche 15h30, ou du moins ma
croyance que c'est le cas [1].

Une croyance est fondée sur une connaissance ssi (si et
seulement si) elle est fondée sur la croyance qui constitue cette
dernière : si je sais que ma montre affiche 15h30, alors ma
croyance qu'il est 15h30 est fondée sur cette connaissance ssi
elle est fondée sur ma croyance que ma montre affiche 15h30.
Mais que signifie de dire qu'une croyance est *fondée sur* une
autre ? L'idée est assez intuitive, mais il est douteux qu'on
puisse l'analyser en termes plus élémentaires. On peut toutefois en donner une condition minimale : une croyance A n'est
fondée sur une croyance B que si la croyance B est une *cause*
de la première [2]. Supposez que le Met Office a annoncé qu'il
pleuvait à Londres, et que Karl le sache. Supposez en outre que
Karl croie qu'il pleut à Londres. Toutefois, il n'a pas confiance

---

1. B. Russell semble adopter la notion réaliste, puisqu'il décrit une partie
des « *evidences* » comme étant des faits. Notez que le choix entre les deux
notions n'est plus neutre si l'on soutient, comme certaines positions externalistes, que des croyances sont basées pour ainsi dire « directement » sur certains
faits eux-mêmes : voir J. McDowell, *L'esprit et le monde* (1994), Paris, Vrin,
2007, conférences I et II. Seule la notion réaliste est compatible avec une
position de ce genre.

2. D. Davidson, « Actions, raisons et causes » (1963), dans D. Davidson,
Essais sur les actions et les événements, *op. cit.*

en ce que dit le Met Office, et ce n'est pas cela qui le fait croire qu'il pleut à Londres, mais le fait qu'un ami londonien l'a appelé et le lui a dit. En ce cas, sa croyance que le Met Office a annoncé qu'il pleuvait n'est pas une cause de sa croyance qu'il pleut, et ce n'est pas non plus un fondement de cette dernière croyance. Notez toutefois qu'une croyance peut être le fondement d'une autre sans en être la cause *principale*. Par exemple, supposez que Léa croit qu'il est dangereux d'aller dans la cave (A) parce qu'elle croit qu'il y a un tigre dans la cave (B). Bien que sa croyance (B) soit la cause principale de sa croyance (A), il se peut fort bien que Léa ait aussi la croyance d'arrière-plan que les tigres sont dangereux (C), et que cette dernière soit aussi un facteur causal, et un fondement, de (A).

Ces considérations permettent de préciser à quelles conditions « il y a » une raison pour une croyance : à savoir, lorsqu'il y a une raison sur laquelle cette croyance *est fondée*. Il est clair en effet qu'il ne suffit pas qu'il soit vrai que ma montre affiche 15h30, ni que je le croie mais ne m'y fie pas : pour savoir qu'il est 15h30 sur le fondement de ce qu'affiche ma montre, il faut que ma croyance qu'il est 15h30 *soit fondée* sur celle que la montre affiche 15h30.

Le trilemme d'Agrippa

Il reste à dire quand une raison est « solide » et quand elle est « en faveur » d'une croyance donnée. Une chose est d'emblée claire : il ne suffit pas que la raison en question soit une croyance vraie. Il est nécessaire qu'elle soit vraie : si Médih croit qu'il pleut à Londres parce qu'il croit que le Met Office l'a annoncé, mais qu'en fait le Met Office ne l'a *pas* annoncé, alors Médih ne sait pas qu'il pleut à Londres. Mais cela ne suffit pas. Supposez que Nadia croit qu'il pleut à

Londres parce qu'elle croit que le Met Office l'a annoncé (ce qui est en fait vrai), mais qu'elle le croie suite à une méprise (elle a lu un journal vieux de deux jours), alors elle ne sait pas non plus qu'il pleut à Londres. On retrouve donc notre problème initial au niveau des raisons : celle-ci doivent être des croyances vraies, mais cela ne suffit pas.

Or il est évident que si on donne la même réponse, à savoir que la croyance qui sert de raison doit elle-même être fondée sur une raison solide, le problème se pose à nouveau pour la raison de la raison, et ainsi de suite. Au final, il n'y a que trois situations possibles :

> 1) L'*arrêt dogmatique*. Certaines croyances ne sont pas fondées sur des raisons, et toutes les connaissances sont directement ou indirectement fondées sur celles-ci.
> 2) *Le cercle*. Un groupe de croyances sont mutuellement fondées les unes sur les autres, et toutes les connaissances sont directement ou indirectement basées sur celles-ci.
> 3) *La régression à l'infini*. Chaque connaissance est fondée sur une infinité de raisons.

Le sceptique Agrippa (dates inconnues, entre le Ier siècle av. et le IIe siècle ap. J.-C.) a mis en avant ce trilemme contre les « dogmatiques », c'est-à-dire ceux qui affirment quelque chose[1]. Selon lui, si un dogmatique fait une affirmation qui n'est pas fondée sur une raison, ce n'est qu'une hypothèse et il ne faut pas l'accepter. Si son affirmation est fondée sur une raison elle-même fondée sur cette affirmation, c'est une

---

1. Voir Sextus Empiricus, *Esquisses pyrrhoniennes*, Paris, Seuil, 1997, p. 164-169 (I. 164, I. 177). Voir P. Engel, « Philosophie de la connaissance », dans P. Engel (éd.), *Précis de philosophie analytique*, Paris, PUF, 2000 et J. Dutant et P. Engel (dir.), *Philosophie de la connaissance*, *op. cit.*, p. 64-69.

pétition de principe, et il ne faut pas l'accepter non plus. Si elle est fondée sur une raison, elle-même fondée sur une autre, et ainsi de suite à l'infini, toutes les raisons de la série restent hypothétiques. Les sceptiques antiques formulaient leur objection en termes d'affirmation et de suspension de l'affirmation, en se plaçant implicitement dans une situation de dialogue. Mais moyennant l'idée qu'on ne doit affirmer que ce que l'on sait, ces arguments impliquent qu'on ne sait rien, puisqu'on ne peut rien affirmer[1]. *A contrario*, si l'on pense savoir quoi que ce soit, il faut adopter au moins l'une des trois options. C'est pourquoi Russell dit que (ES) n'est qu'une réponse partielle : on doit encore dire si on embrasse le scepticisme ou l'une des trois options, qu'on nomme respectivement le *fondationnalisme*, le *cohérentisme* et l'*infinitisme*.

Russell parvient au trilemme à partir d'une théorie spécifique de ce que sont les « évidences » : des « faits considérés comme indubitables » d'une part, et « certains principes d'inférences », de l'autre. Il suppose en outre que ces faits et principes doivent eux-mêmes être connus, ce qui mène au trilemme[2]. Mais comme on vient de le montrer, on peut y arriver par le biais de deux thèses générales : 1) qu'une croyance

1. Notez qu'en adoptant une stratégie dialectique qui interdit au dogmatique d'affirmer quoi que ce soit, le sceptique est en mesure (pour le dire en termes quasi-wittgensteiniens) de montrer que le dogmatique ne sait rien sans pour autant l'affirmer lui-même.

2. Les détails sont un peu compliqués. Si l'on adopte la formulation (ES) à la lettre, alors la thèse que les « evidences » en question doivent être connues implique que l'option fondationnaliste est exclue. Resteraient le scepticisme, le cohérentisme et l'infinitisme. On doit plutôt lire l'argumentation de Russell comme montrant qu'ou bien on rejette (ES) en ce qui concerne les « évidences », ce qui revient au fondationnalisme, ou bien qu'on adopte l'une des trois autres positions.

n'est fondée sur une raison que si elle est fondée sur une autre croyance qui constitue ou donne cette raison, et 2) qu'il ne suffit pas que cette seconde croyance soit vraie pour que la première soit une connaissance.

Russell écarte l'option sceptique sans même la mentionner. Et il faut certes admettre que le scepticisme fondé sur le tri-lemme d'Agrippa est très peu plausible : l'argument étant parfaitement général, il implique non seulement que nous n'avons pas de connaissance, mais que la connaissance n'est pas possible *tout court*. Même un dieu ne pourrait rien connaître.

Russell écarte aussi les options infinitiste et cohérentiste. L'infinitisme est largement considéré comme intenable, ne serait-ce que parce que nous ne semblons pas avoir une infinité de croyances[1]. Quant à l'option cohérentiste, il la rejette d'abord parce que ses cercles sont « vicieux », mais il l'envisage pourtant à nouveau à la fin du texte (en l'attribuant à Hegel), et accepte au final une dose de cohérentisme dans sa propre théorie[2]. J'interprète cette contradiction apparente de la façon suivante. Il est clair que certains cercles de raisons sont « vicieux » au sens où ils ne peuvent conférer de connais-

---

1. En fait, il s'avère difficile d'articuler un argument contre l'infinitisme : voir E. Sosa, « Le radeau et le pyramide » (1981), dans J. Dutant et P. Engel (dir.), *Philosophie de la connaissance*, *op. cit.*, section 5. P. Klein l'a défendu dans une série d'articles, voir par exemple « Human Knowledge and the Infinite Regress of Reasons », *Philosophical Perspectives*, 13, p. 297-325.

2. Voir B. Russell, *La connaissance humaine*, *op. cit.*, partie II.11.D. L'idée de B. Russell (partie V) est qu'il existe des degrés de « crédibilité » et de connaissance (qu'il formule en termes probabilistes), et que la cohérence d'un corpus de croyances peut accroître la « crédibilité » que chaque croyance a *indépendamment des autres*. Le cohérentisme de B. Russell n'est donc pas « pur », comme il le dit lui-même (II.11.D), puisqu'il requiert que les croyances en question aient *aussi* une justification indépendante de type fondationnaliste.

sance. Si Ophélie croit qu'il pleut à Londres uniquement parce qu'elle croit que le Met Office l'a annoncé, mais qu'elle croit que le Met Office l'a annoncé uniquement parce qu'elle croit qu'il pleut à Londres, alors elle ne sait ni l'un ni l'autre. Le défi pour une théorie cohérentiste est donc d'expliquer en quoi certains cercles sont « vertueux » tandis que d'autres sont « vicieux ». Faute de quoi on doit l'écarter, comme Russell le fait dans un premier temps. Mais il faut examiner si on peut fournir une telle explication, ce que Russell fait ensuite. L'option cohérentiste a été défendue par un nombre significatif de philosophes depuis, notamment par Keith Lehrer et Donald Davidson[1]. Russell l'écarte, et présente une conception fondationnaliste qu'il qualifie de « traditionnelle ». Nous verrons en fait que les cohérentismes sont en fait ou bien des variantes de la doctrine traditionnelle, ou bien de l'internalisme faillibiliste, selon les cas.

L'Ur-fondationnalisme

Selon la « doctrine traditionnelle » que formule Russell, une connaissance est ou bien fondamentale, ou bien dérivée. Les connaissances fondamentales sont celles de « certains faits

---

1. Voir K. Lehrer, « Une théorie cohérentiste de la connaissance », dans J. Dutant et P. Engel (dir.), *Philosophie de la connaissance, op. cit.*, p. 111-141 et D. Davidson, « A Coherence Theory of Truth and Knowledge », dans E. Lepore (ed.), *Truth and Interpretation*, Oxford, Blackwell, 1989, p. 307-319. Voir aussi L. BonJour, *The Structure of Empirical Knowledge*, Cambridge (Mass.), Harvard UP, 1985 (BonJour a ultérieurement abandonné cette position). Des formes de cohérentismes apparaissent aussi dans le holisme de la confirmation de W.V.O. Quine (« Les deux dogmes de l'empirisme », *op. cit.*) et le rejet du « mythe du donné » par W. Sellars, *L'empirisme et la philosophie de l'esprit* (1963), Combas, L'Éclat, 1992.

considérés comme indubitables » et de « certains principes
d''inférence ». Les connaissances dérivées sont inférées des
faits fondamentaux en suivant ces principes d'inférence.

Un premier trait déroutant de cette conception est qu'elle
ne définit pas la connaissance en général, mais donne une liste
à deux entrées ou plus. C'est comme dire qu'un être humain
est un homme ou une femme, ou qu'un européen est ou bien
un français, ou un allemand, etc. Comme le dit Russell : la
définition n'est pas « intensionnelle ». Traditionnellement,
on distingue « l'extension » d'un terme, à savoir l'ensemble
des choses auxquelles il s'applique, de son « intension », la
propriété commune à toutes ces choses. Lorsqu'on définit
« européen » par la liste « français, allemand, etc. » on donne
son extension par sous-parties – chacune (par exemple,
l'ensemble des Français) étant elle-même définie « intension-
nellement ». La conception de la connaissance qu'envisage
Russell procède de la même façon :

> (CT) S sait que p ssi : S croit que p, p est vrai, et ou bien (a) p
> est un fait fondamental (pour S), ou (b) p est un principe
> d'inférence fondamental, ou (c) la croyance de S en p est fondée
> sur d'autres connaissances de S qui sont en sa faveur [1].

Si les « faits fondamentaux » ou les « principes d'inférences » sont eux-mêmes caractérisés sous forme de liste, la
définition est encore plus « extensionnelle ». C'est insatisfai-
sant : si nos relations aux faits fondamentaux, aux principes, et
à ce qu'on connaît méritent toutes les trois le nom de « connais-

---

1. Si certains faits fondamentaux sont « donnés par la perception », ils
pourront être fondamentaux pour un sujet sans l'être pour un autre : tout le
monde ne regarde pas dans la même direction. D'où la précision « pour S » dans
la définition.

sance », il doit bien y avoir quelque chose de commun entre elles. Ce n'est toutefois pas rédhibitoire : on peut toujours rétorquer que ce qu'il y a de commun, c'est simplement que ce sont des relations de connaissance ! On peut d'ailleurs ajouter que les trois jouent un même rôle, spécifique à la connaissance, comme celui esquissé en première partie.

Un second problème, selon Russell, est qu'il est difficile de dire *quels sont* les faits fondamentaux. Mais c'est passer sous silence une question plus primordiale : *en vertu de quoi les croyances en ces faits sont-elles des connaissances ?* Par exemple, on pourrait envisager de caractériser les connaissances « fondamentales » ainsi :

> *S* sait que *p* de façon fondamentale ssi *S* croit que *p*, *p* est vrai, et *S* ne peut pas en douter.

Mais cela ne fera clairement pas l'affaire. Si un enfant est incapable de douter qu'il pleut en ce moment à Londres, cela ne suffit pas pour qu'il le sache [1]. Il faudrait donc donner une condition adéquate pour identifier la catégorie des croyances fondamentales. Il y a deux façons de le faire :

> 1) Identifier une *catégorie de propositions* correspondante. Par exemple, toute proposition décrivant l'expérience ou l'état mental présents du sujet, ou toute proposition telle que sa négation est inconcevable. Les croyances fondamentales sont celles qui portent sur ces propositions.
>
> 2) Identifier une *propriété de ces croyances*. Par exemple, qu'elles soient « claires et distinctes ».

Nommons *condition F* la condition en question. L'idée des théories fondationnalistes est qu'il y a une condition F de ce

---

1. Voir l'exemple p. 38.

genre telle que, si une croyance vraie satisfait la condition F, c'est une connaissance.

Quels sont les candidats à la condition F ? Une multitude a été proposée à travers l'histoire. Mais je soutiens que les versions traditionnelles ont toutes une chose en commun, à savoir que la condition F doit être une *marque discernable et infaillible de vérité* :

> 1) Une *marque discernable* : un sujet normalement constitué et attentif peut toujours dire si la condition F est présente ou non. C'est-à-dire : il formera la croyance qu'elle est présente si elle l'est, et la croyance qu'elle ne l'est pas si elle ne l'est pas.
>
> 2) Une *marque infaillible* : si une croyance satisfait la condition F, elle est vraie.

Ce genre de condition est ce que les philosophes hellénistiques nommaient un *critère* de la vérité. Quelques exemples. a) Les Stoïciens soutenaient contre les Sceptiques que la connaissance reposait sur des « impressions cognitives » telles qu'« une impression résultant de quelque chose de faux ne pouvait être exactement comme elles » : la différence entre impressions cognitives et autres impressions est discernable, du moins pour le sage, et les croyances que celles-ci accompagnent ne peuvent être fausses[1]. b) Selon Descartes, une croyance accompagnée d'une « perception claire et distincte » est fondamentale. L'idée est qu'on peut discerner si une croyance est accompagnée de perception claire et distincte, et que toute croyance qui en est accompagnée est vraie. c) Les empiristes classiques comme Locke

---

1. Cicéron, *Academica*, 2.77-8 ; voir A.A. Long et D. Sedley, *Les philosophies hellénistiques* (1986), vol. II, « Les critères de vérité », Paris, Flammarion, 1997.

ou Hume pensaient que les croyances *portant sur nos propres sensations* sont fondamentales : soit qu'on peut discerner si une croyance porte ou non sur nos sensations et que celles qui portent sur nos sensations sont toujours vraies ; soit qu'on peut discerner si ces croyances ont la propriété d'être accompagnées par la sensation correspondante, et que (trivialement) lorsqu'elles l'ont, elles sont vraies. On peut multiplier les exemples : chez Aristote, les croyances portant sur les premiers principes ; chez Husserl, les croyances auxquelles est associée une expérience d'«évidence», chez Kant, les croyances accompagnées d'intuition sensible [1].

Notez qu'*il n'est pas requis que le sujet sache au préalable que les croyances satisfaisant la condition F sont vraies*, ni même qu'il le croie. En d'autres termes, il n'est pas requis qu'on sache au préalable que le critère est un critère de vérité. Exiger cela engendre le *problème du critère* ou de la *circularité épistémique*, sur lequel nous reviendrons.

Enfin, il reste à dire comment des connaissances sont dérivées des connaissances fondamentales. Je soutiens que selon la conception traditionnelle, la seule dérivation qui confère la connaissance est la déduction :

> *Inférence déductive.* Une croyance fondée sur d'autres connaissances est une connaissance si et seulement si elle est déduite de celles-ci. La déduction est un type d'inférence tel qu'une croyance déduite de connaissances ne peut pas être fausse [2].

---

1. Voir J. Dutant, « Pourquoi le problème de Gettier est-il *si* important ? », *Revue Klesis*, 9, 2008, p. 63-104 (disponible en ligne, http://www.revue-klesis.org/14.html), p. 71n pour des références détaillées.
2. Cela semble contredire B. Russell, qui admet des principes de la « logique inductive ». Mais ce n'est pas le cas : Russell conçoit en fait l'induc-

On peut motiver ce réquisit de la façon suivante. Supposez que Pauline croit que ses voisins sont chez eux uniquement parce qu'elle sait que leur lumière est allumée. S'il est possible que ses voisins ne soient pas chez eux alors que leur lumière est allumée, il semble que Pauline ne sait pas que ses voisins sont chez eux. Tout au plus sait-elle qu'il est probable qu'ils y sont. Si elle sait par contre que si la lumière est allumée, ils sont chez eux, alors elle peut savoir qu'ils y sont[1].

J'appelle *Ur-fondationnalistes* les positions selon lesquelles toute connaissance est ou bien une croyance satisfaisant un *critère de vérité*, ou bien une croyance *déduite* de telles connaissances. Mon hypothèse est que la plupart des philosophes antérieurs à Ch. Peirce, sinon tous, adoptent une conception de ce genre, mais il faudrait une étude détaillée pour l'établir[2].

Pour aussi paradoxal que cela puisse paraître, l'Ur-fondationnalisme peut être développé de façon cohérentiste. Il suffit de considérer que la condition F est celle d'*appartenir à un corpus de croyances cohérent* (où il faut encore préciser ce qu'on entend par « cohérent »). Il suit de là que les croyances satisfont la condition F « en bloc » : si l'une la satisfait, tout un

---

tion comme une *déduction* à partir des faits et de principes d'induction, dont les conclusions sont de la forme « il est probable que tous les cygnes sont blancs » : leur vérité est compatible avec l'existence de cygnes noirs, mais (selon B. Russell) elles ne peuvent pas être fausses si les prémisses sont vraies.

1. Le même argument s'applique en fait à l'inférence qu'il *est probable* qu'ils y sont. S'il est possible qu'il ne soit *pas* probable que les voisins soient chez eux malgré leur lumière allumée (si par exemple il est possible que la lumière y soit toujours allumée mais qu'ils ne soient presque jamais chez eux), alors Pauline ne sait pas non plus que c'est probable.

2. Voir J. Dutant, « Pourquoi le problème de Gettier est-il *si* important ? », art. cit., pour un début.

corpus d'autres la satisfait en même temps. L'idée est alors que, d'une part, la cohérence du corpus de croyances est une propriété qu'un sujet attentif peut discerner, et que, d'autre part, tout corpus cohérent au sens précisé est vrai. Pour Russell, c'est la position de Hegel – ou plus précisément la position que Hegel aurait dû adopter. Ce genre de cohérentisme est donc une simple variante de l'Ur-fondationnalisme où toutes les croyances sont fondamentales, et satisfont la condition F en bloc [1].

Le problème de l'induction

C'est avant tout à Hume qu'il revient d'avoir établi que presqu'aucune des croyances humaines n'est accompagnée d'une marque discernable et infaillible de vérité ni déduite de telle croyances. L'Ur-fondationnalisme conduit donc à un scepticisme radical.

Omar voit que le beurre est dans le frigo, et forme la croyance qu'il y était cinq minutes plus tôt. Il y a deux façons de concevoir la base de sa croyance :

> 1) *Inférence inductive.* Sa croyance est simplement fondée sur la croyance que le beurre est là maintenant. De là Omar tire directement la conclusion qu'il était là il y a cinq minutes.
> 2) *Inférence déductive à partir d'un principe d'induction.* Sa croyance est fondée sur (a) sa croyance que le beurre est là

1. B. Russell, *La connaissance humaine*, *op. cit.*, II.11.D. Voir E. Sosa, « Le radeau et la pyramide », art. cit., section 7, pour l'idée que les positions dites « fondationnalistes » et « cohérentistes » ont en commun une forme de fondationnalisme (« fondationnalisme formel ») qui consiste à caractériser la « survenance » de la connaissance sur une condition factuelle (la condition F ici).

maintenant, et (b) une croyance que s'il est là maintenant alors il était là il y a cinq minutes [1].

Dans l'option (1), l'inférence d'Omar n'est pas déductive. Il n'y a rien de contradictoire à supposer que le beurre n'était pas là il y a cinq minutes et qu'Omar l'y voie tout de même maintenant – soit que quelqu'un vienne de l'y mettre, soit qu'il s'y soit matérialisé instantanément, ou autre chose encore. La croyance d'Omar aurait pu être fausse tout en étant dérivée de sa connaissance que le beurre est là maintenant. Elle n'est donc pas *déduite* d'une connaissance. Dans l'option (2), on montre que (b) ne peut être une connaissance selon les critères de l'Ur-fondationnalisme. Il n'y a rien de contradictoire à supposer que le beurre se soit matérialisé à l'instant ; si c'était le cas, rien n'aurait été différent pour Omar. Toute marque discernable qu'on pourrait associer à la croyance (b) serait donc faillible. Et si on soutient qu'elle est déduite d'une autre croyance, on répondra par un argument similaire que cette autre croyance n'est pas fondamentale non plus. Au final, la croyance d'Omar que le beurre était là il y a cinq minutes serait certes déduite, mais pas d'une *connaissance*. Quelle que soit l'option choisie, elle n'est donc pas une connaissance selon les critères de l'Ur-fondationnalisme.

L'argument se généralise : il n'y a rien de contradictoire à supposer que le sol va s'effondrer sous vos pas, que le prochain morceau de pain que vous mangerez vous empoisonnera, que le soleil ne se lèvera pas demain, que les lois de la nature cessent de valoir bientôt, ou que le monde a été créé il y a cinq

---

1. On peut remplacer la croyance (b) par une croyance plus générale qui l'implique, comme « tout ce qui est dans le frigo y était il y a cinq minutes ». L'argument serait le même.

minutes. Cas triviaux à part, aucune inférence de l'observé à l'inobservé ne peut fournir une connaissance satisfaisant les conditions de l'Ur-fondationnalisme[1].

Nos croyances portant sur ce qui est observé ne sont pas en meilleure posture. Piotr voit une pomme sur la table et croit qu'il y en a une. On peut concevoir le critère de vérité de sa croyance de deux façons :

1) *Conception internaliste du critère.* L'expérience visuelle de Rachel est le critère.

2) *Conception externaliste du critère.* Le fait qu'il voit réellement une pomme est le critère[2].

Le problème est alors le suivant. L'expérience visuelle de Piotr est peut-être *discernable* : s'il y est attentif, il ne peut pas ne pas se rendre compte qu'il lui semble voir une pomme. Mais elle n'est pas *infaillible* : il n'y a rien de contradictoire à supposer qu'il ait cette même expérience face à une copie en cire, ou à une surface derrière laquelle il n'y a rien. Inversement, le fait qu'il voit réellement une pomme est un critère *infaillible* : s'il voit réellement une pomme, alors il est vrai qu'il y a une pomme. Mais ce n'est pas un critère *discernable* : il n'y a rien de contradictoire à supposer qu'il semble à Piotr qu'il voit réellement une pomme alors qu'il n'en voit pas. Quelle que soit la conception adoptée, Piotr n'a pas de critère

---

1. D. Hume, *Enquête sur l'Entendement Humain* (1748), IV. Par « cas trivial », j'entends des inférences du genre : ou « Il y a des moutons, donc dans le futur ou bien il y aura des moutons ou bien il n'y en aura pas ».

2. Le lecteur saisira mieux la raison de ces étiquettes *infra*, p. 112-113. La conception internaliste est classique depuis Descartes et Locke, et illustrée par exemple par B. Russell, *La connaissance humaine, op. cit.*, III. 1. La conception externaliste était peut-être celle des Grecs et Médiévaux; pour une version contemporaine, voir J. McDowell, *L'esprit et le monde, op. cit.*

discernable et infaillible de ce qu'il y a une pomme devant lui. Plus généralement, aucune croyance portant sur le monde extérieur ne peut être une connaissance fondamentale au sens de l'Ur-fondationnalisme.

Les mêmes arguments peuvent être appliqués aux croyances portant sur les autres esprits, comme votre croyance que l'auteur de ces lignes croit ce qu'il écrit. Au final, l'Ur-fondationnalisme implique qu'on ne connaît au mieux que notre propre expérience présente : nous ne savons rien du monde, d'autrui, du passé et du futur [1].

La nouvelle énigme de l'induction

La « nouvelle énigme de l'induction » de Nelson Goodman permet de mieux mesurer l'étendue de la difficulté [2]. Admettons qu'on connaisse la « loi d'induction » suivante :

Les cas futurs ressembleront aux cas passés [3].

---

1. C'est la conclusion que D. Hume, *Enquête sur l'Entendement Humain*, *op. cit.*, XII, accepte, tout en remarquant que dès qu'on cesse d'y réfléchir, on cesse d'y croire. Il semble aujourd'hui surprenant que personne avant Hume ne se soit rendu compte des limites de l'induction. C'est pourtant le cas : on en trouve par exemple une confirmation frappante dans le Scholie Général des *Principia* de Newton où ce dernier dit avoir *prouvé* sa théorie « par induction » : voir J. Dutant, « Pourquoi le problème de Gettier est-il *si* important ? », art. cit., p. 74. On se rend compte aussi aujourd'hui, grâce à une meilleure connaissance de la logique, à quel point des philosophes comme Descartes, Spinoza ou Leibniz avaient une conception exagérée de ce qu'il est possible d'établir par simple déduction.

2. N. Goodman, « La nouvelle énigme de l'induction » (1954), dans *Faits, fictions et prédiction*, Paris, Minuit, 1984.

3. Le détail importe peu. On peut reformuler l'argument avec « les mêmes causes produisent les mêmes effets ».

On pourrait imaginer que la loi soit établie *a priori* (comme le pense Kant), ou que cela soit simplement une connaissance fondamentale (comme le pense Russell). Goodman montre que le problème de l'induction ne disparaît pas, avec un exemple devenu célèbre :

> Prenez un instant futur, disons l'an 3000. On définit « vreu » de la façon suivante : une chose est *vreue* ssi elle est verte jusqu'à l'an 3000, et bleue au delà. Si les émeraudes sont *vertes* aujourd'hui, et si les cas futurs ressembleront aux cas passés, alors les émeraudes seront vertes en 3001. Si par contre les émeraudes sont *vreues* aujourd'hui, et si les cas futurs ressembleront au cas passés, alors elles seront vreues (et donc bleues) en 3001.

Savons-nous que les émeraudes seront vertes en 3001 ? Là encore, de deux choses l'une. Soit on dit que le fondement de ma croyance est ma connaissance qu'elle sont *vertes* maintenant. Alors cette dernière n'est pas *discernable* : je croirais qu'elles sont vertes maintenant même si elles étaient vreues. Soit on dit que la base de ma croyance est ma connaissance qu'elles sont *vertes ou vreues* maintenant. Alors mon inférence n'est pas *infaillible* : il se pourraient qu'elles soit vertes ou vreues maintenant, et que les cas futurs ressemblent aux cas passés, mais qu'elles ne soit pas vertes en 3001 [1].

On est tenté d'objecter que « vert » est une véritable propriété, tandis que « vreue » n'est qu'une définition artificielle. Mais si c'est le cas, cela ne peut pas être établi sur la base du fait que « vreu » est défini comme « vert avant 3000 et bleu après ». Soit « blert » tel qu'une chose est blerte si et seule-

---

1. La première option correspond à la conception externaliste de l'évidence, la seconde à la conception internaliste.

ment si elle est bleue avant 3000 et verte après. On peut définir maintenant « vert » comme : « vreu avant 3000 et blert après ». « vert » n'a donc pas d'avantage sur « vreu » sur ce point.

Admettre qu'on sache que les cas futurs ressembleront aux cas passés (ou qu'on connaisse quelque autre principe d'induction) ne suffit donc pas à ce que nos croyances fondées sur ce principe satisfassent les critères de l'Ur-fondationnalisme.

Le constat Humien

Le problème de l'induction de Hume n'est donc pas simplement un problème concernant le futur, la causalité, l'inférence du particulier au général, ou l'inférence de l'observé à l'inobservé, comme on le dit trop souvent. C'est un problème de portée très générale, qui englobe l'argument sceptique du Malin Génie, et qu'on peut formuler comme un paradoxe :

> *Sens commun.* Nous avons des connaissances (autres que de notre propre expérience présente).
>
> *Ur-fondationnalisme.* Une connaissance est ou bien une croyance pour laquelle on a une marque discernable et infaillible de vérité, ou bien déduite d'une telle croyance.
>
> *Constat Humien.* Nos croyances (autres que celles portant sur notre propre expérience présente) n'ont pas de marque discernable et infaillible de vérité, ni ne sont déduites de telles croyances.

Les trois affirmations sont conjointement contradictoires, donc l'une au moins doit être rejetée. Hume rejette l'idée de sens commun que nous savons beaucoup de choses. Une des difficultés qui en résulte est de dire s'il devient illégitime d'agir et d'affirmer, ou si l'on abandonne les normes basées sur la connaissance[1]. Les philosophies idéalistes et vérificationnistes, qu'on voit se développer après Locke, peuvent être interprétées comme une réaction au problème de l'induction qui consiste à nier le constat Humien[2]. Les philosophes analytiques contemporains rejettent tous l'Ur-fondationnalisme, mais de deux façons différentes.

Idéalisme et vérificationnisme

De Berkeley à Carnap en passant par Kant, Husserl et Russell, nombre de philosophes ont défendu des positions idéalistes (selon lesquelles les objets ordinaires sont constituées d'idées) et vérificationnistes (selon lesquelles les énoncés ordinaires ne parlent en fait que des observations). Ces positions peuvent être vues comme une tentative d'écarter le scepticisme sans abandonner l'Ur-fondationnalisme. Si les objets ordinaires (tables, chaises, etc.) sont constitués d'idées, alors la présence de ces idées implique la présence de ces objets. Mais par ailleurs, la présence d'idées est un fait discernable. La présence d'idées pourrait donc jouer le rôle de critère discernable et infaillible des vérités ordinaires.

On ne peut pas rendre justice au détail de ces positions ici. On signalera seulement qu'elles font face à nombre de

1. Plusieurs sceptiques antiques, comme Acrésilas, semblaient refuser d'affirmer sans refuser d'agir; si pourtant les normes de la connaissance pour l'action et l'assertion sont liées, cette position est difficilement tenable.

2. Bien que Hume soit le premier à saisir la généralité du problème de l'induction, il apparaissait déjà avec Descartes et Locke, qui montraient les difficultés de l'idée que nous avons des marques discernables et infaillibles des choses que nous observons. L'idéalisme de Berkeley est expressément formulé contre le scepticisme qui en résulte.

difficultés. En premier lieu, il leur semble difficile de nier le constat Humien concernant le passé et le futur. En effet, de même qu'on ne peut pas, à strictement parler, déduire l'état futur (ou passé) des choses de leur état présent, on ne peut pas déduire l'état futur (ou passé) des *idées* de leur état présent. En second lieu, il semble difficile de réduire les choses à des complexes d'idées ou d'observations *présentes* : les idéalistes expliquent typiquement la différence entre une vraie pomme et une pomme en cire, par exemple, par les divergences entre les *séries* d'expériences auxquelles elles donnent lieu, sans qu'il y ait forcément de différence dans l'expérience présente. (Et de même pour la différence entre le rêve et la réalité.) Or si on ne peut connaître les expériences futures et passées (premier problème), on ne pourra pas non plus savoir qu'on voit une vraie pomme ou qu'on ne rêve pas. Enfin, on peut reformuler la nouvelle énigme de l'induction de Goodman en termes d'idées. Dans la philosophie de tradition analytique, les positions idéalistes et vérificationnistes, populaires à l'époque du Cercle de Vienne et de Russell, on largement été abandonnées depuis Quine[1].

L'INTERNALISME FAILLIBILISTE ET LE PROBLÈME DE GETTIER

Lorsque quelqu'un a l'impression de voir une pomme, *très souvent*, il voit vraiment une pomme ; mais pas nécessairement. L'impression de voir une pomme est (semble-t-il) une marque discernable : un sujet attentif peut toujours dire s'il a

---

1. À quelques exceptions près, comme H. Putnam à partir des années 1980.

ou non l'impression de voir une pomme. Mais ce n'est pas une marque *infaillible* de la présence d'une pomme. Au mieux, c'est une *indication* faillible de la présence d'une pomme. L'*internalisme faillibiliste* est l'idée qu'une indication (discernable mais faillible) est suffisante pour la connaissance, du moment que la croyance est vraie. De même, une croyance inférée peut être une connaissance pourvu qu'elle s'appuie sur de *bonnes raisons* qui en indiquent la vérité sans pour autant l'impliquer déductivement. Disons qu'une croyance est *justifiée* ssi elle est accompagnée d'une indication ou basée sur une bonne raison. L'internalisme faillibiliste dit que :

> S sait que p ssi p, S croit que p, et la croyance de S en p est justifiée.

Cette théorie a été avancée par Roderick Chisholm et Alfred Ayer au moment où l'idéalisme et le vérificationnisme perdaient de leur influence[1]. Leur version est fondationnaliste. Mais on peut en concevoir une version cohérentiste. On dira alors que la cohérence d'un corpus de croyances est une indication immanquable, faillible mais suffisante, de la vérité de celles-ci. Le cohérentisme de Keith Lehrer et celui de Laurence BonJour en sont des exemples[2].

Qu'est-ce qui fait que l'impression de voir une pomme *indique* la présence d'une pomme, sans pour autant en être un critère infaillible? Plus généralement, qu'est-ce qui fait qu'une marque donnée indique telle ou telle chose? Les inter-

---

1. A.J. Ayer, *The problem of knowledge*, Londres, Macmillan, 1956, p. 34 et R.M. Chisholm, *Perceiving*, Ithaca, Cornell UP, 1957, p. 16. Cette conception a été en partie anticipée par Ch. S. Peirce et K. Popper.

2. Voir les références *supra*, p. 89, note 1.

nalistes donnent rarement une réponse détaillée[1]. L'approche la plus répandue est de dire qu'une indication *présente quelque chose comme étant le cas*; ainsi, mon expérience visuelle peut me présenter comme vrai le fait qu'une pomme soit présente. On dira alors qu'une raison (expérience ou croyance) est une indication de *p* ssi *son contenu* est *p*, ou du moins suggère la vérité de *p*[2]. D'autres considèrent qu'une marque est une indication de *p* ssi elle est un indicateur *fiable* de la vérité *p*: à savoir, que dans la plupart des cas où une telle marque est présente, un fait de ce genre est vrai[3]. D'autres enfin tiennent la notion pour une primitive non définissable, mais intuitivement claire[4].

Le problème de Gettier

Dans un article aussi bref que célèbre, Edmund Gettier a montré que la définition de l'internalisme faillibiliste était intenable. Il avance deux exemples pour montrer qu'il n'est pas *suffisant* d'avoir une croyance vraie et justifiée pour connaître. En voici un:

> Smith et Jones sont tous les deux candidats à un certain poste. Smith a de bonnes raisons de croire que (a) Jones aura le poste,

---

1. Dans la littérature, on parle plutôt du fait qu'une croyance « s'accorde » avec les données, ou qu'elle est « soutenue » par certaines raisons, ou que celles-ci la rendent « raisonnable » ou « évidente »; mais l'idée correspond ce que je nomme « indication » ici.

2. Voir par exemple R. Chisholm, « Une version du fondationnalisme », dans J. Dutant et P. Engel (dir.), *Philosophie de la connaissance*, *op. cit.*, p. 71-110, notamment son principe P2.

3. W. Alston, « An internalist externalism », *Synthese*, 74, 1988, p. 265-283; J. Comesaña, « Evidentialist reliabilism », *Noûs*, à paraître.

4. R. Feldman and E. Conee, *Evidentialism*, Oxford, Oxford UP, 2004, p. 252-254.

et (b) Jones a dix pièces dans sa poche. Par exemple, le patron a assuré Smith qu'il donnerait le poste à Jones, et Smith vient juste de voir Jones compter ses pièces. Smith en déduit que (c) : *celui qui aura le poste a dix pièces dans sa poche*. Comme cette croyance est déduite de croyances justifiées, elle est justifiée aussi. En fait, il se trouve que c'est Smith, et non Jones, qui aura le poste. Et il se trouve que Smith a lui aussi dix pièces dans sa poche. Dans cette situation, la croyance (c) de Smith est vraie, et justifiée. Mais Smith ne sait pas que celui qui aura le poste a dix pièces dans sa poche [1].

L'exemple de Gettier porte sur les croyances inférées. Mais on peut en formuler d'équivalents pour les croyances fondamentales. L'un d'eux est dû à Chisholm :

Quentin se promène dans la campagne, et a l'impression nette de voir un mouton dans un champ. En fait, ce qu'il voit est un rocher en forme de mouton ; mais il y a un mouton dans une autre partie du champ. La croyance de Quentin qu'il y a un mouton dans ce champ est justifiée, et elle est vraie. Mais il ne sait pas qu'il y a un mouton dans le champ [2].

On peut multiplier les cas de ce genre ; on les appelle communément les « cas Gettier ». Celui du servant malicieux de P. Unger en est un. Le « problème de Gettier » est celui de trouver les conditions de la connaissance qui expliquent que ces cas ne sont pas des cas de connaissance.

---

1. Voir E. Gettier, « La croyance vraie et justifiée est-elle une connaissance ? » (1963), dans J. Dutant et P. Engel (dir.), *Philosophie de la connaissance*, *op. cit.*, p. 43-46.
2. Voir R. Chisholm, *Theory of Knowledge*, 2e éd. Prentice Hall, Englewood Cliffs, 1977, p. 105.

La croyance vraie pourvue d'une justification non défaite

Les cas Gettier montrent que la croyance, la vérité et la justification ne suffisent pas pour la connaissance. Les internalistes y ont répondu en proposant une condition supplémentaire qui préserve l'esprit de leur position.

Une première tentative est d'exiger que la justification ne soit pas elle-même une croyance fausse[1]. Dans le cas de Smith, cette condition n'est pas remplie. Cela ne règle toutefois pas la question des croyances non-inférée (le mouton). En outre, considérez le cas suivant :

> Rachel, partie en vacances, croit que sa voiture est garée devant sa maison (ce qui est vrai) parce qu'elle l'a laissée là (ce qui est vrai aussi). Mais à son insu, un voleur est parti avec et l'a abandonnée dans un terrain vague. Un autre voleur l'a prise là, et l'a abandonnée par pur hasard devant la maison de Rachel.

La croyance de Rachel est vraie et fondée sur une justification vraie, et pourtant Rachel ne sait pas.

Une tentative plus influente a été celle de dire que la justification ne doit pas être *défaite*[2]. L'intuition qui motive cette approche st la suivante. Quand Rachel est dans une « bonne » situation, le fait de savoir qu'elle a garé sa voiture devant chez elle est une justification suffisante pour savoir qu'elle y est toujours. Par contre, quand elle est dans une « mauvaise » situation (des voleurs sont actifs dans les parages), sa justification est en quelque sorte invalidée par les faits, quoiqu'elle ne s'en rende peut-être pas compte. On dit

1. M. Clark, « Knowledge and Grounds », *Analysis*, 24, 1963, p. 46-48.

2. K. Lehrer, « Knoweldge, Truth and Evidence », *Analysis*, 15, 1965, p. 168-175.

qu'une justification est *défaite* s'il existe (à l'insu du sujet) un fait tel que, si le sujet le découvrait, sa croyance cesserait d'être justifiée. K. Lehrer et d'autres ont proposé qu'une connaissance était une croyance vraie fondée sur une justification non défaite. Cette condition résout les cas précédents. Si Rachel avait découvert que sa voiture était volée (ce qui est un fait), elle n'aurait plus de bonnes raisons de croire qu'elle est garée devant chez elle. Si Quentin avait découvert que ce qu'il regardait était un rocher, il n'aurait plus de bonnes raisons de croire qu'il y a un mouton dans le champ.

Mais la condition est trop forte, cette fois-ci : il n'est pas *nécessaire* d'avoir une justification non défaite pour avoir une connaissance :

> Sandra a vu Tom Choure s'échapper de la bibliothèque avec un livre sous le bras, et en conclut qu'il l'a volé. La mère de Tom Choure raconte à qui veut l'entendre que Tom a un frère jumeau qui passe son temps à ramener des livres de la bibliothèque. Si Sandra savait cela, elle ne serait plus justifiée à croire que c'est Tom qui a pris le livre. Mais la mère est en fait démente, et Tom n'a pas de jumeau [1].

Sandra sait que Tom a volé le livre ; et pourtant, sa justification est défaite.

Une solution tentante consiste à remarquer que le « défaiseur » de la justification de Sandra (les propos de la mère) est lui-même défait par une autre vérité (la démence de la mère). Disons qu'une justification est *ultimement non défaite* si elle n'a pas de défaiseurs, ou si tous ses défaiseurs sont eux-mêmes défaits par des défaiseurs ultimement non

1. K. Lehrer and Th. Paxson, « Knowledge : undefeated justified true belief », *Journal of Philosophy*, 66, 1969, p. 225-237, p. 228.

défaits. Une troisième tentative est alors de dire qu'une connaissance est une croyance vraie dont la justification est ultimement non défaite [1].

Cette nouvelle condition court le risque d'être trop faible. Si Rachel apprenait que des voleurs ont pris sa voiture, sa justification serait défaite. Mais si elle apprenait qu'ils l'ont remis à sa place initiale, elle ne le serait plus. Plus généralement, pour toute croyance vraie que *p*, la vérité de *p* défait tous les défaiseurs potentiels d'une justification de cette croyance. Pour rester plausible, la définition doit exclure *p* et les vérités qui l'impliquent logiquement des faits qui comptent comme défaiseurs des défaiseurs. Mais cela risque d'être encore trop faible : par exemple, la vérité qu'il y a une voiture avec le même numéro d'immatriculation, la même couleur, etc., en face de chez Rachel peut encore servir de défaiseur des défaiseurs.

Dans les années 1970, le projet de donner une caractérisation de la justification défaite qui résolve le problème de Gettier a donné lieu à une littérature énorme et complexe [2]. Aucune n'a convaincu, et le projet est largement abandonné depuis.

Le problème de la loterie

Outre le problème de Gettier, les théories faillibilistes sont confrontées à une autre difficulté.

---

1. K. Lehrer and Th. Paxson, « Knowledge : undefeated justified true belief », art. cit.

2. Voir J. Dutant, « Pourquoi le problème de Gettier est-il *si* important ? », art. cit., p. 86n pour quelques références notables, et R. Shope, *The Analysis of Knowing*, Princeton, Princeton UP, 1983, pour une synthèse.

Una possède un ticket de loterie ; le tirage a été effectué, mais n'a pas encore été annoncé. Sachant que ses probabilités de gagner sont infimes (mais non nulles), Victor croit qu'elle a perdu, ce qui est le cas [1].

Victor ne sait pas qu'Una a perdu ; tout au plus, il sait qu'elle a *très probablement* perdu. Pourtant, la probabilité que la croyance de Victor soit vraie est très grande. En fait, on peut imaginer cette loterie aussi grande que l'on voudra ; la probabilité que la croyance de Victor soit vraie peut donc être arbitrairement proche de 1. Et sa justification n'est pas défaite : les chances d'Una sont aussi petites qu'il le pense, et elle a réellement perdu.

L'idée centrale de l'internalisme faillibiliste est qu'une raison forte sans être infaillible est suffisante pour connaître. Victor s'appuie sur ce qui est un exemple paradigmatique d'une telle raison. Un internaliste faillibiliste aura donc du mal à ne pas compter sa croyance comme une connaissance [2].

Or soutenir que Victor sait est contre-intuitif, et pose une série de problèmes. Un principe plausible est que la connaissance est close sous la conjonction : si je déduis que *p et q* de ma connaissance que *p* et de ma connaissance que *q*, je sais que *p et q*. Supposez qu'il y ait 1001 joueurs à la loterie, que

---

1. Les cas de loterie ont d'abord été mis en avant par H. Kyburg (*Probability and the Logic of Rational Belief*, Middleton (CT), Wesleyan UP, 1961, p. 197) comme un paradoxe pour la croyance rationnelle ; G. Harman a été le premier a les appliquer à la connaissance. Voir les références citées par J. Hawthorne, *Knowledge and Lotteries, op. cit.*, p. 1.

2. C'est ce que font R. Feldman and E. Conee, *Evidentialism, op. cit.*, p. 302, du bout des lèvres. Voir K. Lehrer, « Une théorie cohérentiste de la connaissance », dans J. Dutant et P. Engel (dir.), *Philosophie de la connaissance, op. cit.*, section 5, pour une position internaliste qui évite cette conséquence.

1000 d'entre eux soient des amis de Victor, et que tous aient perdu. Si Victor sait qu'Una va perdre, alors il peut le savoir aussi pour chacun de ses 999 autres amis. Et si la connaissance était close sous la conjonction, il pourrait savoir que ses 1000 amis ont perdu ; mais il y avait moins d'une chance sur mille que ce soit le cas ! On est donc amené à nier le principe. Qui plus est, si Victor sait qu'Una va perdre, rien n'interdit qu'elle le sache aussi. Or si la connaissance est la norme de l'action, il suit qu'il serait raisonnable pour elle de jeter le ticket (puisqu'elle sait qu'il est perdant). Mais cela n'est pas raisonnable, surtout si le prix est important ; il faudrait donc rejeter l'idée que la connaissance est la norme de l'action [1].

Le problème n'est pas limité aux cas de loterie. Toute inférence qu'on peut présenter comme statistique est concernée. Par exemple, si Victor sait que quatre-vingt dix pour cent des employés d'une entreprise sont des hommes (et rien d'autre à ce sujet), il sera difficile à un faillibiliste de nier qu'il sait que le premier employé qui en débauchera ce soir est un homme, pourvu que cela soit le cas et qu'il le croie.

L'EXTERNALISME INFAILLIBILISTE
ET LE PROBLÈME SCEPTIQUE

Peter Unger écrit « Une analyse de la connaissance factuelle » cinq ans après la parution de l'article de Gettier. Trois types de cas occupent alors ses réflexions : 1) les cas Gettier (le serviteur malicieux dans notre extrait), 2) les cas de

---

1. Voir J. Hawthorne, *Knowledge and Lotteries*, *op. cit.*, pour une exploration détaillée de ces difficultés.

loterie (sous la forme d'un tirage de cartes), 3) des cas qui vont à l'encontre de l'idée empiriste selon laquelle tout connaissance d'un fait contingent doit être fondée sur une expérience (comme ma connaissance que j'existe)[1]. La théorie de la connaissance qu'il en tire est radicalement nouvelle :

> (NA) S sait que p ssi il n'est pas accidentel du tout que la croyance de S en p soit vraie.

Contrastez les deux cas suivants. *Le Bon Scenario* : en regardant par la fenêtre, Wendy voit une pomme sur la table de la cuisine, et forme la croyance qu'il y a une pomme dans la cuisine. *Le Mauvais Scenario* : Idem, sauf que ce qu'elle voit est une fausse pomme en cire. Dans le Bon Scenario, ce n'est pas un accident du tout que Wendy croit à raison qu'il y a une pomme dans la cuisine. Dans le Mauvais, ce n'est pas le cas : même si la croyance de Wendy était en fait vraie (si par exemple il y avait une pomme dans le frigo), ce serait un accident qu'elle le soit. Un verdict similaire peut être prononcé pour les autres cas Gettier. (Je laisse au lecteur le soin de le vérifier.)

Dans le cas de la loterie, ce n'est pas *entièrement* un accident que la croyance de Victor soit vraie. Après tout, les chances qu'Una perde étaient grandes. Mais c'est *en partie* un accident, parce qu'elle aurait pu gagner. La théorie de Unger explique donc que ce ne soit pas une connaissance. De même, si je crois que j'existe, ce n'est pas un accident du tout que ma croyance soit vraie : si je n'existais pas, je ne la formerais pas.

---

1. P. Unger soutient que *n'importe quelle* vérité contingente peut en principe être connue sans l'être sur le fondement d'une expérience : si on me dupliquait molécule pour molécule à l'instant, mon clone saurait presque tout ce que je sais sans pour autant avoir eu d'expériences correspondantes (voir la suite de l'article cité, « An analysis of factual knowledge »).

La non-accidentalité de Unger est une forme d'*infailli-bilité*. Dans le Bon Scenario, les circonstances sont telles que Wendy *n'aurait pas pu* se tromper. Cela reste vrai même si dans d'autres circonstances, elle aurait pu commettre une erreur. Une comparaison peut aider. Supposez que j'ai joué au tennis contre un champion hier, en insistant pour qu'il joue comme en tournoi. Sans surprise, je me suis fait battre à plate couture. Mais plus encore, il semble vrai que je n'*aurai pas pu* gagner. Dans d'autres circonstances, certes, (si mon adversaire était drogué ou amputé d'une jambe, ou si j'avais moi-même été un champion), j'aurais eu ma chance ; mais hier, c'était *impossible*.

Cette infaillibilité n'est toutefois pas *discernable* : il est faux qu'un sujet suffisamment attentif dira qu'il est dans le Bon Scenario si et seulement si il l'est. Typiquement, dans le Mauvais Scenario, le sujet ne se rend pas compte qu'il est dans un mauvais scenario, et croit qu'il est dans le Bon. On ne peut donc soutenir que le sujet dans le Bon Scenario possède une marque infaillible de vérité sans admettre que cette marque n'est pas discernable.

Unger inaugure ainsi une seconde alternative à l'Ur-fondationnalisme : *a contrario* de l'internalisme, il abandonne le réquisit d'une marque *discernable*, mais maintient celui d'une marque *infaillible* de la vérité. Les positions dites *externalistes* s'inscrivent dans cette lignée.

Externalisme et internalisme

Il est usuel de classer les théories contemporaines de la connaissance en « internalistes » et « externalistes ». Comme souvent, les philosophes s'accordent en gros sur qui appartient à quel « camp », mais pas sur la définition de ces labels. C'est pourquoi j'ai plutôt articulé les positions autour des questions de marques infaillibles et/ou discernables de vérité. Quelques explications seront toutefois utiles [1].

En général, l'« externalisme » à propos de X est l'idée que X dépend de facteurs « extérieurs » à la vie mentale du sujet, où votre « vie mentale » est ce qui serait préservé si vous étiez victime d'un Malin Génie. Idéalistes à part, tout le monde est externaliste sur *la connaissance* : non seulement celle-ci dépend de la vérité, mais la plupart des « internalistes » admettent qu'elle dépend aussi de facteurs « externes » tels que l'absence de défaiseurs. Le débat contemporain porte plutôt sur la *justification* : les internalistes pensent que le fait qu'une croyance soit justifiée est une affaire purement « interne », les externalistes le nient. (L'argument central des premiers est que votre clone victime du Génie est justifié à croire tout ce que vous croyez [2].) On peut ainsi aisément combiner internalisme sur la justification et externalisme sur la connaissance [3]. Néanmoins, une ligne de partage importante demeure, que Williamson a mise en avant. Pour les internalistes, la connaissance s'analyse en deux composantes, interne (justification faillible) et externe (absence de défaiseurs). Selon les externalistes, au contraire, la connaissance est une forme de « connexion » (infaillible) entre l'intérieur et l'extérieur qui ne se résout pas en une conjonction de faits internes et externes [4].

1. Voir aussi J. Dutant, « Pourquoi le problème de Gettier est-il *si* important ? », art. cit., p. 81-83 ; J. Dutant et P. Engel (dir.), *Philosophie de la connaissance*, *op. cit.*, p. 181-186, P. Engel, *Va Savoir!*, *op. cit.*, p. 32-34.

2. S. Cohen, « Justification and Truth », *Philosophical Studies*, 46, 1984, p. 279-295.

3. W. Alston, « An internalist externalism », art. cit., et J. Comesaña, « Evidentialist reliabilism », art. cit.

4. T. Williamson, *Knowledge and its limits*, *op. cit.*, section 2.1 et chap. 3.

La non-accidentalité et les théories externalistes de la connaissance

Unger met de côté certaines formes d'accidentalité qui sont compatibles avec la connaissance. Ce peut-être un accident qu'il y ait un pomme sur la table. Et ce peut-être un accident que Wendy ait formé sa croyance, si par exemple c'est un accident qu'elle soit encore en vie ou qu'elle ne soit pas aveugle, ou si c'est un accident qu'elle ait regardé par la fenêtre. Mais ce n'est pas pour autant accident que sa croyance soit vraie. Or ce que la connaissance requiert, c'est qu'il ne soit pas accidentel *que la croyance soit vraie*, et seulement cela [1].

À quelles conditions peut-on dire que quelque chose n'est pas accidentel ? Unger n'en dit pas plus ; il utilise la compréhension intuitive que nous avons de la notion. Bien qu'elles citent rarement l'article de Unger, les diverses théories dites « externalistes » de la connaissance développées à partir des années 1960 peuvent être vues comme différentes réponses à cette question. Certaines l'expliqueraient en termes de causalité (il n'est pas accidentel que la croyance de S en p soit vraie ssi p est la cause de cette croyance) [2], d'autres en termes de nécessité naturelle (il suit des lois de la nature que dans les circonstances, si S croit que p alors p) [3], d'autres avec des

1. Voir D. Pritchard, *Epistemic Luck*, Oxford, Oxford UP, 2005, chap. 5, pour une discussion détaillée.

2. A. Goldman, « A Causal Theory of Knowing », *Journal of Philosophy*, 1964, p. 357-372.

3. D.M. Armstrong, *Belief, Truth and Knowledge*, Cambridge, Cambridge UP, 1973, chap. 12 et 13. Voir aussi son *A Materialist Theory of the Mind*, Londres, Routledge, 1968, 189 *sq*. Voir aussi l'analyse en termes de « raisons concluantes » de F. Dretske, « Conclusive reasons », *Australasian Journal of Philosophy*, 49, p. 1-22, qu'on peut toutefois aussi rapprocher de celle de R. Nozick (voir *infra*, p. 121, note 2).

conditionnels dits «contrefactuels» (si p était faux, je ne croirais pas que p)[1], d'autres en termes de possibilité «proches» (il n'aurait pas aisément pu se produire que S croie que p à tort, du moins sur une même base)[2], d'autres en termes de possibilités pertinentes dans le contexte de conversation dans lequel on attribue la connaissance[3].

Ces théories permettent d'écarter certains cas Gettier, mais s'avèrent presque toutes trop faibles (elles comptent comme connaissances des cas qui n'en sont pas) ou trop fortes (elles ne comptent pas comme connaissances des cas qui en sont). Je ne peux discuter ces problèmes en détail ici. Mais j'en signale toutefois un, qui soulève un point important. Certaines vérités *nécessaires* sont crues sans être sues. Imaginez que Xavier forme la croyance (vraie) que $134+67=201$ suite à une double erreur de calcul. La condition causale semble inapplicable aux cas de ce genre (en quel sens une vérité mathématique pourrait-elle causer une croyance?); de même la condition contrefac-

1. Voir la condition de *sensibilité* de R. Nozick, «Les conditions de la connaissance» (1981), extrait de *Philosophical Explanations*, chap. 3, dans J. Dutant et P. Engel (dir.), *Philosophie de la connaissance*, *op. cit.*, p. 47-60.

2. Voir la condition de *sûreté* de T. Williamson (*Knowledge and its limits*, *op. cit.*, p. 126-128 et 147) et E. Sosa («How to defeat opposition to Moore», *Philosophical Perspectives* 13, 1999, p. 141-153), notamment adoptée par P. Engel, *Va savoir!*, *op. cit.*, p. 104 et 117-118 et D. Pritchard, *Epistemic Luck*, *op. cit.* La formulation de T. Williamson, reprise par P. Engel, requiert que le sujet n'eût pas pu se tromper *dans des cas semblables*, que ces cas mettent en jeu la proposition visée *p* ou non; elle évite ainsi le problème des vérités nécessaires que je soulève dans le paragraphe suivant.

3. Voir les positions dites *contextualistes* de G. Stine, «Skepticism, Relevant Alternatives, and Deductive Closure», *Philosophical Studies*, 29, 1976, p. 249-261, K. DeRose, «Solving the Skeptical Problem», *The Philosophical Review*, 104, 1995, p. 1-52 et D. Lewis, «La connaissance insaisissable» (1996), dans J. Dutant et P. Engel (dir.), *Philosophie de la connaissance*, *op. cit.*, p. 353-390.

tuelle (qui peut dire comment le monde serait si 134 et 67 ne faisaient *pas* 201 ?). Mais les autres conditions sont satisfaites : puisqu'il est nécessairement vrai que 134+67=201, il est nécessaire que la croyance de *S* que 134 et 67 font 201 soit vraie. Et pourtant, il est clair que Xavier ne sait pas que 134+67=201.

Une voie de réponse est la suivante. Ce qui importe n'est pas que Xavier ait ou non pu se tromper *sur cette proposition particulière*, mais si la *méthode* par laquelle il a formé sa croyance aurait pu lui faire commettre des erreurs. Or c'est le cas, puisqu'il s'est appuyé sur des calculs erronés. Ce qui suggère la théorie suivante :

> *S* sait que *p* ssi la croyance de *S* en *p* est basée sur une méthode infaillible, c'est-à-dire une méthode qui n'aurait pas pu produire une croyance fausse.

Ce que j'entends par « méthode » ici n'est pas forcément une procédure qu'on suit pas à pas, consciemment, comme chez Descartes ; j'applique le terme à tout ce par quoi une croyance est formée ou soutenue[1]. La théorie se rapproche en cela du *fiabilisme* que Goldman a défendu à partir de 1979[2]. Le fiabilisme est d'abord une théorie de la *justification*, selon laquelle une croyance est justifiée ssi elle est formée par un processus fiable, c'est-à-dire un processus qui tend à produire des croyances vraies. Il n'est pas requis que le sujet sache que ce

---

1. Cet usage a été introduit par R. Nozick, « Les conditions de la connaissance », art. cit.

2. A. Goldman, « Qu'est-ce qu'une croyance justifiée ? » (1979), dans J. Dutant et P. Engel (dir.), *Philosophie de la connaissance*, *op. cit.*, p. 187-220. L'idée remonte à F. Ramsey. Voir P. Engel, *Va savoir !*, *op. cit.*, p. 45-51 et R. Pouivet, *Qu'est-ce que croire ?*, *op. cit.*, p. 19-31.

processus est fiable ; ni que ce processus soit *nécessairement* fiable ; il suffit qu'il soit fiable dans le type d'environnement dans lequel le sujet se trouve.

Le problème de la généralité

Dans les théories fiabilistes, les processus de formation de croyance sont décrits de façon assez générale : on parlera par exemple du processus d'identifier visuellement un fruit à une courte distance et sous une bonne lumière. De tels processus sont fiables, mais *faillibles*. Du coup, on peut s'attendre à ce qu'une théorie disant qu'un une connaissance est *une croyance vraie formée par un processus fiable* soit victime du problème de Gettier. C'est le cas, comme le lecteur s'en rendra compte en reprenant les exemples des sections précédentes. Notre théorie affirme au contraire qu'à chaque fois qu'un sujet sait, il y a une méthode infaillible à l'origine de sa croyance. Cela impose que les méthodes en question soit définies de façon beaucoup plus spécifique. Considérez l'exemple suivant, tiré du même article de Unger :

> Yvan fait une série de cent problèmes d'addition similaires, en vérifiant à chaque fois son résultat. Dans un cas seulement, sa réponse est fausse, mais il ne s'en rend pas compte [1].

Il semble difficile de soutenir que parce qu'il s'est trompé dans un problème, Yvan ne connaît la réponse *d'aucun* problème. Mais si on admet qu'il connaît la réponse dans certains cas au moins, alors notre théorie implique qu'Yvan ne suit pas la même méthode dans tous les cas. Dans les bons cas, il suit la méthode d'addition ; dans les mauvais, le processus est autre.

---

1. P. Unger, « An analysis of factual knowledge », art. cit., p. 162.

Elle implique aussi que les méthodes en question ne sont pas *discernables* : dans les mauvais cas, Yvan croit suivre la même méthode que dans les bons, alors que ce n'est pas le cas.

Une objection classique au fiabilisme est le *problème de la généralité*[1]. Pour toute croyance donnée, il y a une infinité de façons de décrire « le » processus qui l'a formée : la vision, la vision en plein jour à courte distance, la vision d'un objet ayant la taille et la forme d'une pomme en plein jour et à courte distance, la vision d'une pomme en plein jour et courte distance, etc. Quel degré de généralité doit avoir la description du processus pertinente pour évaluer si une croyance est justifiée ? S'il est très large, le processus sera typiquement peu fiable, et on comptera trop peu de croyances comme justifiées ; s'il est étroit, on comptera presque toute croyance vraie comme justifiée. Un problème similaire affecte la notion de méthode. La discussion de l'exemple précédent suggère toutefois la stratégie suivante : les méthodes doivent être spécifiées avec un niveau de généralité tel que s'il y a connaissance, la méthode correspondante est infaillible, et que s'il n'y a pas connaissance, elle est faillible. Cela ne rend pas notre théorie trivialement vraie : il se peut qu'il n'existe pas de niveau de généralité donnant ce résultat. Cela signifie toutefois que la compréhension de la notion de méthode n'est pas indépendante de notre compréhension intuitive de la notion de connaissance ; mais il n'est pas clair que cela soit un défaut[2].

---

1. A. Goldman, « Qu'est-ce qu'une croyance justifiée ? », art. cit., p. 206. Voir aussi E. Conee and R. Feldman, « The Generality Problem for Reliabilism » (1998), réimp. dans leur *Evidentialism*, *op. cit.*

2. Voir T. Williamson, *Knowledge and its limits*, *op. cit.*, p. 100.

La connaissance comme accomplissement

E. Sosa et J. Greco ont défendu une variante du fiabilisme selon laquelle les « processus » pertinents pour l'évaluation des croyances sont des *dispositions stables du sujet*, ou traits de son caractère cognitif, qu'on peut appeler des *vertus* lorsqu'elles sont fiables [1]. Les vertus en question sont définies de façon relativement générale, comme « avoir une bonne mémoire des noms », de sorte qu'elles sont faillibles. Mais la connaissance est définie ainsi :

> *S* sait que *p* ssi la croyance de *S* en *p* est vraie *parce que* vertueuse. [2]

L'idée est la suivante. Dans un cas Gettier, le sujet a une croyance vertueuse, mais ce n'est pas le fait qu'elle est vertueuse qui *explique* qu'elle soit vraie; sa vérité s'explique par une coïncidence ou un coup de chance. (Idem pour la

---

1. E. Sosa, « Le radeau et la pyramide », art. cit., p. 175-177 et *Knowledge in Perspective*, Oxford, Oxford UP, partie IV; J. Greco, « Agent reliabism », *Philosophical Perspectives* 13, 1999, p. 273-293. On distingue habituellement les variante *fiabiliste* (J. Greco et E. Sosa) et *responsabiliste* (L. Zagzebski) de l'épistémologie de la vertu. Voir L. Zagzebski, « Les Vertus épistémiques », dans J. Dutant et P. Engel (dir.), *Philosophie de la connaissance, op. cit.*, p. 395-419. Selon Zagzebski, les vertus intellectuelles sont des dispositions fiables *dont le sujet est responsable*, et qui requièrent sa *motivation* à être vertueux et son amour de la vérité. Elle définit la connaissance comme une croyance vraie résultant d'un « acte de vertu intellectuelle », dans *Virtues of the mind*, Cambridge, Cambridge UP, 1996, p. 270. Mais sa notion d'« acte de vertu intellectuelle » étant faillibiliste, son analyse ne me semble pas échapper au problème de Gettier. Sur l'idée de vertu intellectuelle, voir R. Pouivet, *Qu'est-ce que croire ?, op. cit.*, p. 31-41.

2. J. Greco, « Knowledge as Credit for True Belief », art. cit., p. 128, et E. Sosa, *A Virtue Epistemology*, Oxford, Oxford UP, 2007, p. 23-24.

loterie.) Au contraire, dans un cas de connaissance, c'est le fait que la croyance soit vertueuse qui explique qu'elle soit vraie. Disons qu'un acte en général est un *accomplissement* s'il est réussi parce que vertueux ; la thèse de Greco et Sosa est que la connaissance est une forme d'accomplissement [1].

Cette théorie reste dans le cadre de l'externalisme infaillibiliste. Même si la condition d'être une croyance vertueuse est faillible, celle d'être une croyance *vraie parce que vertueuse* ne l'est pas. Et c'est aussi une condition qui n'est pas discernable : un sujet attentif peut croire que sa croyance est vraie parce que vertueuse sans qu'elle le soit. La différence centrale entre l'infaillibilisme des méthodes et la théorie de l'accomplissement est que la première explique la connaissance en termes *modaux* (l'*impossibilité* de l'erreur), alors que la seconde s'appuie sur une relation *explicative* (le «*parce que*»). Les notions modales sont mieux comprises aujourd'hui, ce qui est un avantage (peut-être temporaire) en faveur de la première. Les deux théories ne sont toutefois pas forcément incompatibles : il se peut qu'une croyance soit vraie parce que vertueuse ssi l'exercice de cette vertu en cette occasion est une méthode infaillible pour former des croyances vraies.

Le scepticisme et le problème de la circularité épistémique

L'idée que la connaissance permet d'éliminer des possibilités est à la base d'un argument sceptique aussi simple que puissant :

---

[1]. Voir E. Sosa, *A Virtue Epistemology*, *op. cit.* E. Sosa parle d'«*apt performance*» pour ce que d'autres nomment «*achievement*» ; «accomplissement» me semble être la moins mauvaise traduction.

Supposez que Zoé croie voir une pomme. Zoé ne peut pas éliminer la possibilité qu'elle soit en train de rêver ; donc elle ne peut pas éliminer la possibilité qu'il n'y ait pas de pomme devant elle ; donc elle ne sait pas qu'il y a une pomme.

L'argument repose sur l'idée que, s'il n'y a pas de marque discernable de la différence entre le « Bon » et le « Mauvais » scenario, on ne peut pas savoir qu'on est dans l'un plutôt que dans l'autre. La réponse externaliste est de nier qu'une telle marque soit nécessaire : si *de fait* Zoé n'est pas en train de rêver, il est de fait impossible qu'elle se trompe, et elle sait [1].

Les externalistes disent ainsi des choses comme : si Zoé n'est pas en train de rêver, elle sait qu'il y a une pomme ; s'il y a réellement un monde extérieur, je sais que j'ai des mains ; si les organes visuels d'Arthur fonctionnent bien, il sait qu'il pleut. À cela, on est tenté d'objecter : comment Zoé sait-elle qu'elle n'est pas en train de rêver ? Certains externalistes concèdent que c'est impossible pour elle de le savoir, mais que cela ne l'empêche pas de savoir qu'il y a une pomme devant elle [2].

---

1. Voir notamment T. Williamson, *Knowledge and its limits*, *op. cit.*, chap. 8. Je dois laisser de côté ici la réponse *contextualiste* au scepticisme, qui consiste à dire que l'ensemble des possibilités au regard desquelles une méthode est déclarée « infaillible » ou non peut varier d'un contexte de conversation à l'autre. Selon cette position, dire « Zoé ne sait pas » est faire une affirmation fausse dans le contexte d'une discussion avec un sceptique, mais vraie dans un contexte de conversation ordinaire. L'erreur est de penser que les affirmations du sceptique contredisent les affirmations ordinaires. Voir P. Engel, *Va savoir !*, *op. cit.*, II, et les références citées plus haut p. 115, note 2. Je laisse aussi de côté l'externalisme *sceptique*, qui n'est pas motivé par l'absence de marque immanquable mais par l'idée qu'au sens strict la connaissance requiert une infaillibilité absolue : voir P. Unger, *Ignorance*, *op. cit.*

2. F. Dretske, « Epistemic Operators », art. cit., et R. Nozick, « Les conditions de la connaissance », art. cit.

Cela impliquerait que, presque toujours, on sait sans pouvoir *savoir qu'on sait* : si sa vision est fiable, Arthur sait ; mais si en même temps il ne sait pas si elle est fiable, il ne sait pas qu'il sait. Ce qui revient à admettre une grande dose de scepticisme.

D'autres soutiennent que non seulement il n'est pas nécessaire de savoir *au préalable* que, par exemple, le monde extérieur existe ou que notre vision est fiable, mais qu'on peut aussi le découvrir [1]. En effet, l'externalisme s'applique à tous les niveaux : si dans la situation, Arthur ne peut pas se tromper sur le fait qu'il sait, alors il sait qu'il sait.

À cela, on objecte que seul un raisonnement *épistémiquement circulaire* peut permettre à Arthur de savoir qu'il sait. Une variante de la « preuve de l'existence du monde extérieur » de G.E. Moore en est un exemple :

J'ai une main. Donc, il y a un monde extérieur.

Le raisonnement est (admettons-le) déductif : s'il est vrai que j'ai une main, il est vrai qu'il y a un monde extérieur. Il n'est pas *logiquement* circulaire : la conclusion ne figure pas dans les prémisses. Mais il exhibe une forme de circularité qu'on appelle *épistémique*, à savoir : le sujet ne peut *savoir* que la prémisse est vraie que si la conclusion est de fait vraie. Autrement dit, il est requis que la conclusion soit vraie pour que le sujet puisse savoir que la prémisse l'est [2].

---

1. Notez que, de même, l'Ur-fondationnalisme tel que je l'ai formulé ne requiert *pas* qu'on *sache au préalable* que le critère de vérité en est un : *cf.* p. 93.

2. W. Alston, « Epistemic circularity », *Philosophy and Phenomenological Research*, 47, 1986, p. 1-30. Le « cercle » qu'Arnauld a pointé dans les *Méditations Métaphysiques* de Descartes (Quatrièmes Objections) est épistémique. Selon J. Van Cleve, « Foundationalism, Epistemic Principles and the Cartesian Circle », *Philosophical Review* 88, 1979, p. 55-91, la réponse de

Les arguments épistémiquement circulaires sont *dialecti-quement inefficaces* : si quelqu'un doute de la conclusion, il doute par là-même de ce que vous sachiez la prémisse, et l'argument est donc inutile. Par conséquent, si un externaliste ne dispose que d'arguments épistémiquement circulaires pour soutenir qu'il sait, il n'est pas en mesure de *réfuter* un sceptique. Le sceptique regardera ses arguments comme des pétitions de principe [1].

Mais cela laisse ouverte la possibilité que, pour celui qui n'est pas sceptique, les raisonnements épistémiquement circu-laires sont un bon moyen d'acquérir la connaissance de la conclusion : après tout, le raisonnement est déductif, et si on est dans le Bon Scenario, les prémisses sont sues. Cela semble toutefois extrêmement laxiste, si on considère des cas comme le suivant (dit de la *connaissance facile*) :

> Barbara voit une table rouge. Elle infère qu'il n'est pas le cas que la table est blanche mais éclairée de rouge de façon à ressembler exactement à une table rouge [2].

Descartes est analogue à celle d'un externaliste : si les croyances claires et distinctes *sont* fiables, elles procurent des connaissances avant même qu'on ait prouvé qu'elles l'étaient.

1. Pour B. Stroud « Comprendre la connaissance humaine en général », dans J. Dutant et P. Engel (dir.), *Philosophie de la connaissance, op. cit.*, p. 313-344, cela implique qu'une telle théorie ne peut apporter de « compréhension philosophiquement satisfaisante » de notre connaissance. Il admet (comme on le soutient plus bas) que le problème affecte toute théorie possible, et soutient en conséquence qu'une telle compréhension est impossible. Notez que B. Stroud se garde bien de dire que la connaissance et la connaissance de la connaissance sont impossibles.

2. S. Cohen, « Basic Knowledge and the Problem of Easy Knowledge », *Philosophy and Phenomenological Research*, 65, 2002, p. 309-329. Voir aussi

Cette question suscite aujourd'hui beaucoup de débats, dans lesquels on ne peut entrer ici[1].

Le point crucial est que, comme le fait remarquer William Alston, le problème de la circularité épistémique est *parfaitement général*. Soit S l'ensemble de nos sources de connaissances : le seul moyen pour nous de savoir que S est fiable est (par définition) de s'appuyer sur S[2]. Il s'ensuit que toute épistémologie non-sceptique (ou plus précisément, toute épistémologie qui admet qu'on peut savoir qu'on sait quelque chose) doit admettre une forme de circularité épistémique. Cela suggère que la circularité épistémique est plutôt un phénomène à étudier qu'une raison de rejeter l'externalisme.

CONCLUSION

Timothy Williamson nie qu'il soit possible ou même désirable de donner une théorie de ce en quoi la connaissance consiste. Si toutefois on doit en avancer une, l'infaillibilisme des méthodes et la théorie de la connaissance comme accomplissement me semblent être les deux meilleures candidates aujourd'hui. Je n'attends toutefois pas du lecteur qu'il me

---

le cas de « courte-échelle épistémique » dans J. Vogel, « Reliabilism leveled », *Journal of Philosophy* 97, 2000, p. 602-623, p. 614.

1. Une partie est rangée sous le label de « connaissance de base » (c'est-à-dire des connaissances qui ne s'appuient pas sur la connaissance préalable que leur source est fiable). Voir P. Engel, *Va savoir!*, *op. cit.*, chap. V, et les textes de C. Wright et J. Pryor qu'il cite. Voir aussi E. Sosa, « Reflective Knowledge in the Best Circles », *Journal of Philosophy* 94, 1997, p. 410-430, et le texte de S. Cohen, « Basic Knowledge and the Problem of Easy Knowledge », art. cit.

2. W. Alston, « Epistemic circularity », art. cit.

croie sur parole; au contraire. Mon ambition était de dresser une carte du débat contemporain qui lui restitue une profondeur historique qu'on peut facilement manquer. J'espère qu'elle sera utile.

Notice bibliographique

Nous avons cité nombre de références en anglais. Le lecteur en trouvera une dizaine traduites en français dans J. Dutant et P. Engel (dir.), *Philosophie de la connaissance*, Paris, Vrin, 2005. Une bonne partie des autres peut être trouvée dans d'excellentes collections en anglais : E. Sosa, J. Kim, J. Fantl and M. McGrath (eds.), *Epistemology: an anthology*, 2ᵉ éd., Oxford, Blackwell, 2008, et D. Pritchard and R. Neta (eds.), *Arguing about Knowledge*, Londres, Routledge, 2009, indispensables au lecteur qui souhaite approfondir le sujet. J. Dokic, *Qu'est-ce que la perception?* (Paris, Vrin, 2004), P. Engel, *Va Savoir!* (Paris, Hermann, 2007), F. Liohreau, *Qu'est-ce que douter?* (Paris, Vrin, à paraître), R. Pouivet, *Qu'est-ce que croire?* (Paris, Vrin, 2003) et *Philosophie contemporaine* (Paris, PUF, 2008, chap. v), et Cl. Tiercelin, *Le Doute en question* (Combas, L'Éclat, 2005) seront des compagnons utiles. Deux pièces maîtresses de la littérature contemporaine sont P. Unger, *Ignorance* (Oxford, Oxford UP, 1975) et T. Williamson, *Knowledge and its limits* (Oxford, Oxford UP, 2000).

TABLE DES MATIÈRES

TEXTES ET COMMENTAIRE

DANS LA MÊME COLLECTION

Imprimerie de la Manutention à Mayenne (France) – Juin 2010 – N° 168-10
Dépôt légal : 2ᵉ trimestre 2010